한 번 읽으면
절대 잊을 수 없는
영문법 교과서

한 번 읽으면
절대 잊을 수 없는
영문법 교과서

마키노 도모카즈 지음 | 박수현 옮김

시그마북스
Sigma Books

한 번 읽으면 절대 잊을 수 없는

영문법 교과서

발행일 2024년 5월 1일 초판 1쇄 발행
지은이 마키노 도모카즈
옮긴이 박수현
발행인 강학경
발행처 시그마북스
마케팅 정제용
에디터 신영선, 최연정, 최윤정, 양수진
디자인 이상화, 김문배, 강경희

등록번호 제10-965호
주소 서울특별시 영등포구 양평로 22길 21 선유도코오롱디지털타워 A402호
전자우편 sigmabooks@spress.co.kr
홈페이지 http://www.sigmabooks.co.kr
전화 (02) 2062-5288~9
팩시밀리 (02) 323-4197
ISBN 9979-11-6862-229-6 (13740)

* **시그마북스**는 (주)**시그마프레스**의 단행본 브랜드입니다.

영문법은 '하나'의 이야기로 이어진다!

'영문법은 학교에서 시험을 보니 외워야 한다.'

'영문법을 몰라도 영어는 할 수 있다.'

영문법을 이처럼 생각하는 사람이 많은 듯합니다.

여기서 단언하겠습니다.

영어를 익히는 데 가장 효과적인 방법은 영문법을 공부하는 것입니다!

왜 그렇게 단언할 수 있냐고요?

영문법을 공부함으로써 영어를 능숙하게 구사할 수 있게 된 제가 산증인입니다.

단, 영문법을 공부하겠다며 의미도 잘 모르는 영어 문장을 통째로 암기한다고 해서 영어 실력이 늘지는 않습니다. 영문법을 공부하는 데는 '이해하기'가 가장 중요합니다.

'이해하기'를 목적으로 삼는 순간 영문법 책은 '무미건조한 공식집'에서 마음이 설레는 '표현집의 끝판왕'으로 탈바꿈합니다.

'표현집의 끝판왕'을 제 것으로 만들었기에 유학 경험이 없는 저도 통역사로서 일선에서 활약하게 되었습니다.

그럼 영문법을 제대로 '이해하기' 위해서는 어떻게 해야 할까요?

먼저 영어라는 언어의 언어 구조를 파악해야 합니다. 그러려면 **모든 영문법을 하나의 이야기로 배워야** 합니다.

사실 문법에는 영어의 전모를 더욱 쉽게 이해할 수 있도록 '배우는 순서'가 정해져 있습니다. 이 책에서는 모든 영문법을 '배우는 순서'에 따라 하나의 이야기로 엮어 설명합니다.

모든 영문법은 따로 놀거나 무의미하게 존재하지 않습니다. 각각 '존재하는 이유'와 맡은 '역할'이 분명합니다.

하나하나의 문법을 제대로 이해하면, 힘들게 외울 필요 없이 한 번 읽기만 해도 놀라울 정도로 머릿속에 쏙쏙 들어가는 것을 실감할 수 있습니다. 학창 시절에 배운 영문법 지식은 머릿속에서 모두 지우고, 백지 상태에서 이 책을 읽어보세요.

영문법에 더 중점을 두고 있기에 원어민이 회화에서 사용하는 '구어 문법 및 표현'은 다루지 않았지만, 이 책에 실린 내용만 배워도 충분히 영어로 글을 쓰거나 의사소통할 수 있습니다.

영어를 계속 공부하는데도 좀처럼 말이 늘지 않아 고민인 분들에게 이 책이 조금이라도 도움이 되기를 바랍니다.

마키노 도모카즈

【 이 책의 내용과 제작 방침에 대해 】

- 이 책은 학술 연구를 목적으로 제작한 서적이 아니므로 전문적인 역사·문화·지역성·종교관·고대 문자 표기·언어학적 학설·언어의 변화 과정에 관한 해설은 생략했습니다.
- 어원 및 문법의 역사에 관한 여러 가지 설 가운데 초보자가 이해하고 받아들이기 쉬운 것으로 골라 설명했습니다. 더불어 하나의 문법이 여러 가지로 해석될 수 있는 경우에도 초보자들이 이해하기 쉬운 해석을 선택했습니다.
- 이 책에는 학교 교육 과정에서 일반적으로 사용되는 문법 용어를 따르지 않고 더 이해하기 쉬운 독자적인 호칭으로 바꾼 표현이 일부 있습니다.

차례

제 1 장   영어의 기본 구조

제 2 장 시제

제 3 장 동사에서 파생된 문법

제 4 장 조합하여 만들어진 문법

제 5 장　틀리기 쉬운 영문법

'공식 통째로 외우기'의 폐해

 왜 '공식 통째로 외우기'에 문제가 있을까?

하나 예를 들어봅시다. 학교 영어 수업에서 '수동태'를 다음과 같은 공식으로 배운 적이 있지 않은가요?

수동태(~ 당하다) = be 동사 + 과거분사

학교에서는 영문법을 마치 '수학 공식'처럼 가르치는 경우가 왕왕 있는 듯합니다.

그러나 영문법 공식을 통째로 암기하는 학습 방법에는 '커다란 폐해'가 있습니다.

예를 들어, '수동태(~ 당하다)' 공식을 통째로 암기만 한 사람은 다음과 같은 실수를 저지르기 쉽습니다.

He broke the window. (그가 그 창문을 부쉈습니다.)

The window was broken by him. (그 창문은 그에 의해 부서졌습니다.)

이처럼 '능동태 → 수동태'로 고쳐 쓴 문장은 **'공식 오용의 산물'**입니다.

어떤 점이 문제인가 하면, 원어민이 일상 대화에서 **'He broke the window.'**를 **'The window was broken by him.'**처럼 수동태로 바꾸어 표현하는 일은 거의 찾아볼 수 없다는 점**입니다.

원어민은 '능동태를 수동태로 만들고 싶어서' 수동태를 사용하지 않습니다.

그들은 다음과 같은 예시처럼 수동태를 사용합니다.

The window was broken. (그 창문이 부서졌습니다.)

위 문장에는 'by him(그에 의해)'이라는 말이 없습니다.

즉 수동태는 **'행동 주체'를 모호하게 표현하고 싶을(책임 소재를 모호하게 표현하고 싶을) 때 사용하는 문법**입니다.

일상생활에서 능동태를 수동태로 바꾸어 말할 목적으로 수동태를 사용하지는 않습니다.

 ## '원어민의 사고방식'이 저절로 배어드는 영문법 학습 방법

그동안 저는 입시 준비 학원과 영어 회화 학원, 대학 등에서 영어를 가르쳤습니다.

제 영문법 수업에서 공식을 설명하거나, 학생들에게 공식을 암기하도록 지시하는 일은 절대 없습니다.

그렇게 해도 학생들 대부분은 짧은 시간 안에 영어를 능숙하게 구사하게 됩니다. 저 역시 유학을 가지 않고 영문법만 공부해서 통역사가 되었습니다.

'원어민의 사고방식'이 저절로 배어드는 영문법 학습 방법이 바로 그 비결입니다. 여기서 핵심은 다음과 같은 세 가지입니다.

1. 영어라는 언어의 '프레임 워크(뼈대)'를 이해한다
2. 단어가 가진 '숨은 뉘앙스'를 이해한다
3. 문법의 뿌리를 이해한다

다음 페이지로 넘어가 차례대로 살펴봅시다.

영문법은 하나의 이야기로 배워라!

 학교에서 가르쳐주지 않는 영문법을 '배우는 순서'

첫 번째로 꼽은 영어의 '프레임 워크(뼈대)'란, 조금 어려운 말로 표현하자면 '언어 구조'라고 할 수 있습니다. 우선 '프레임 워크'를 이해하면 비약적으로 실력 향상 속도가 올라갑니다.

어렵게 느껴질 수도 있지만, 전혀 그렇지 않습니다.

아주 간단한 일입니다. **영문법을 '어떤 하나의 순서'대로 배우기만 하면 됩니다.** 그 순서는 오른쪽 그림의 왼쪽 부분을 보면 바로 알 수 있습니다. **이 순서대로 영문법을 배우면 영어라는 언어의 프레임 워크를 자연스럽게 이해할 수 있습니다.**

세계적으로 사용되는 언어는 희소 언어를 제외한 거의 모든 언어가 공통적인 구조로 이루어져 있습니다. 따라서 다른 나라에서는 영어를 비롯해 스페인어와 프랑스어 등 유럽의 언어부터 아시아의 언어까지, 외국어를 가르칠 때 어떤 언어가 되었든 대체로 같은 언어 구조에 따라 구성된 문법을 가르칩니다.

그런데 한국의 교육 과정은 영어의 프레임 워크를 고려하지 않은 구성에 따라 이루어집니다. 영문법을 익히기 위해서는 그저 '공식을 통째로 외우기'만 하면 된다고 여기는 사람이 많은 데는 이러한 영어 교육 커리큘럼도 하나의 원인으로 작용했을 것으로 생각됩니다.

영어의 프레임 워크(뼈대)에 관해 조금 더 구체적으로 이야기해봅시다. 19쪽 그림을 보면 언어 구조에 기초한 영문법 학습 순서는 크게 네 단계로 이루어져 있으며, 1단계와 2단계가 전반부, 3단계와 4단계가 후반부에 해당합니다.

언어 구조에 기초한 영문법의 순서

1 be 동사
2 일반 동사
3 동사의 부정문·의문문
4 의문사
5 명령문
6 기본 5형식
7 관사
8 전치사
9 접속사
10 형용사
11 부사
12 현재형
13 진행형
14 과거형
15 미래형
16 현재완료형
17 과거완료형
18 미래완료형
19 완료진행형
20 가정법
21 존댓말
22 조건부사절
23 조동사
24 부정사
25 be to 구문
26 분사
27 동명사
28 비교
29 수동태
30 사역동사
31 관계대명사
32 관계부사

일반적인 학교의 영어 커리큘럼

중1

❶ be 동사
❷ 형용사
❸ 일반 동사
❹ 명사
❺ 대명사
❻ can
❼ 명령문
❽ 의문사
❾ 현재진행형

중2

❶ 과거형
❷ 미래형
❸ 조동사
❹ There is 구문
❺ 부사
❻ 부정사
❼ 동명사
❽ 접속사
❾ 형식
❿ 비교

중3

❶ 수동태
❷ 현재완료
❸ 관계대명사
❹ 분사
❺ 전치사

고1

❶ 기본 5형식
❷ 조동사
❸ 시제
❹ 부정사
❺ 동명사
❻ 분사
❼ 분사 구문
❽ 형용사
❾ 수사
❿ 부사
⓫ 관계대명사
⓬ 관계부사
⓭ 강조
⓮ 생략
⓯ 도치
⓰ 삽입
⓱ 비교
⓲ 전치사
⓳ 접속사
⓴ 복수형

첫 번째 단계에서는 '문장의 기본 구조(요소)'를 배웁니다. 이때 가장 먼저 be 동사와 일반 동사를 배운다는 점이 핵심입니다. 동사는 언어에서 빼놓을 수 없는 존재이기 때문입니다. 명령문처럼 주어가 없는 영어 문장은 있어도, 동사가 없는 영어 문장은 성립되지 않습니다.

새로운 언어를 빠르게 습득하고 싶다면 동사 어휘를 늘리는 데 집중하는 것도 방법입니다. 그렇게만 해도 최소한의 의사소통을 할 수 있습니다. 그만큼 **동사는 언어에서 중심적인 역할을 하는 말**입니다.

더불어 **기본 5형식을 동사와 의문문 다음으로 배운다는 점도 중요**합니다.

세계적으로 사용되는 언어 대부분에서 형식은 매우 중요한 요소로 자리매김합니다. 자세한 내용은 본문에서 다시 설명하겠지만, 형식을 그다지 중요시하지 않는 경향을 보이는 한국어와 일본어는 세계적으로도 보기 드문 언어라고 할 수 있습니다.

두 번째 단계에서는 시간 감각을 나타내는 '시제'를 배웁니다. 영어가 아닌 언어를 배울 때도 시제는 가장 극복하기 힘든 난관으로 다가옵니다. 시제에는 그 언어를 사용하는 사람들의 사고방식과 가치관이 짙게 반영되어 있기 때문입니다.

영어뿐만 아니라 세계적으로 사용하는 언어 대부분에서 1, 2단계의 문법을 구사할 줄 알면 그 언어의 90%를 배웠다고 해도 과언이 아닙니다.

후반부인 3단계와 4단계는 1단계와 2단계의 내용을 바탕으로 발전한 문법입니다.

먼저 세 번째 단계는 **동사의 파생형**입니다. 언어에서 중심적인 역할을 하는 동사를 발전시킴으로써 보다 폭넓은 표현을 할 수 있습니다. 저는 개인적으로 3단계에 해당하는 문법을 '**동사를 부풀리는 문법**'이라고 부르기도 합니다.

네 번째 단계에는 둘 이상의 단어를 조합해 만드는 문법이 해당합니다. 개인적으로는 '**조합 문법**'이라고 부릅니다.

영어 이외의 새로운 언어를 학습할 때도 오른쪽 페이지의 프레임 워크에 해당 언어의 문법을 적용하면 실력 향상 속도가 현격히 올라갈 것입니다.

①과 ②의 문법을 능숙하게 구사할 줄 알면 90%를 배웠다고 할 수 있다. 언어의 '토대'를 이루는 문법이다.

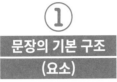

① 문장의 기본 구조 (요소)

1 be 동사
2 일반 동사
3 동사의 부정문·의문문
4 의문사
5 명령문
6 기본 5형식
7 관사
8 전치사
9 접속사
10 형용사
11 부사

② 시제

12 현재형
13 진행형
14 과거형
15 미래형
16 현재완료형
17 과거완료형
18 미래완료형
19 완료진행형
20 가정법
21 존댓말
22 조건부사절

③ 동사의 파생형

23 조동사
24 부정사
25 be to 구문
26 분사
27 동명사

④ 조합으로 만들어진 문법

28 비교
29 수동태
30 사역동사
31 관계대명사
32 관계부사

영어와 한국어 사이에 생기는 차이의 정체

 영어에 존재하는 '숨은 뉘앙스'란?

프레임 워크 다음으로 단어가 가진 '숨은 뉘앙스'에 대해 살펴봅시다.

숨은 뉘앙스라는 말은 내가 만든 말입니다. 현재 영어 교육 분야를 개인적으로 조사한 바로는 딱 맞는 말을 찾을 수 없어 직접 말을 만들었습니다. 뜻은 다음과 같습니다.

숨은 뉘앙스 = 한국어로 번역하면 원문과 조금 달라지는, 원어민이 느끼는 단어 자체가 가진 분위기

한국인 영어 학습자에게 숨은 뉘앙스는 상당히 난해한 존재입니다. 영문법을 열심히 공부했는데도 좀처럼 말이 이해되지 않는다면 숨은 뉘앙스를 제대로 이해하지 못했을 가능성이 큽니다.

숨은 뉘앙스 문제의 대표적인 예로 'go(가다)'와 'come(오다)'을 꼽을 수 있습니다. 아래 괄호 안에는 어떤 단어가 들어갈까요?

A : Dinner is ready now. (저녁 준비됐어.)

B : OK, I'm (　　　　). (알았어, 지금 갈게.)

정답은 coming입니다. 번역문은 '지금 갈게.'인데, 왜 going이라고 하지 않을까요?

그 이유는 원어민이 'go = 멀어지다', 'come = 다가가다'라는 감각으로 사용하기 때문입

니다. 이것이 바로 단어가 가진 '숨은 뉘앙스'입니다.

'I'm coming.' 이 말을 조금 더 정확하게 번역하자면 다음과 같은 의미가 됩니다. '나는 그쪽으로 다가가고 있습니다.' 다만, 한국어로 이렇게 말하면 문장이 어색하게 느껴지므로 '지금 갈게.'라고 번역했을 뿐입니다.

이처럼 **번역문만 보고 영어를 이해하려고 하면, 아무리 애써도 어느샌가 단어의 의미를 인식하는 데 '차이'가 생기고 맙니다.**

따라서 단어를 배울 때는 한국어 직역뿐만 아니라 숨은 뉘앙스도 함께 이해함으로써 차이를 수정하면서 배워야 합니다.

 ## 단어를 '적절하게 사용'하기 위한 판단 기준이 되기도 한다

'숨은 뉘앙스'를 이해해야 하는 이유가 한 가지 더 있습니다.

바로 **'숨은 뉘앙스'가 단어를 '적절하게 사용'하기 위한 판단 기준이 될 수 있기** 때문입니다.

번역문만 보면 두 단어의 뜻이 거의 같아 보여서 어느 쪽을 사용해야 할지 종종 고민이 됩니다. 예를 들어, 'hardly(거의 ~ 하지 않는다)'와 'rarely(좀처럼 ~ 하지 않는다)'는 번역문만 보면 의미에 어떤 차이가 있는지 도통 알 수 없습니다.

그런데 다음과 같이 '숨은 뉘앙스'를 이해하면 상대방에게 전혀 다른 의미를 전달하기 위한 단어임을 알 수 있습니다.

hardly : 거의 ~ 하지 않는다(그래서 이번에도 하지 않는다)

rarely : 좀처럼 ~ 하지 않는다(하지만 가끔은 한다)

이 책을 통해 영문법과 함께 숨은 뉘앙스를 알아두면, 영문법을 배우는 데 공식을 통째로 외울 필요가 전혀 없다는 사실을 깨닫게 될 것입니다.

영문법이 '어려운' 데는 역사적 배경이 있다

 영어의 뿌리는 네 가지로 나눌 수 있다

왜 각 문법의 뿌리를 아는 것이 영문법을 배우는 데 중요할까요?

영어의 뿌리를 알아두면 머릿속이 훨씬 깔끔하게 정리되기 때문입니다.

사실 영어는 게르만어와 라틴어 등 다양한 언어가 섞여 만들어진 말입니다. 그래서 문법 체계에 규칙성이 없는 경우가 많아 배우다 보면 자꾸 헷갈립니다.

역사를 거슬러 올라가면 영어는 현재 영국의 본토에 해당하는 그레이트 브리튼 섬에 다양한 민족이 이주하면서 수많은 언어의 문법과 단어를 받아들이며 변화해왔습니다.

영어가 크게 변화한 시기에 주목하면 다음과 같은 네 시기로 나눌 수 있습니다.

1. 고대 영어(Old English)
2. 중세 영어(Middle English)
3. 근대 영어(Modern English)
4. 현대 영어(Contemporary English)

하나씩 차례로 살펴봅시다.

 게르만족의 영향을 받은 고대 영어

현대 영어의 원형에 해당하는 고대 영어(**Old English**)는 '켈트어'와 '게르만어'를 주체로 한 언어입니다. 지금으로부터 약 1500년 전부터 사용되기 시작했습니다. 영어의 발상지인 영국의 본토 브리튼 섬에 게르만 민족이 이주해온 것이 계기가 되었습니다.

5세기경까지 브리튼 섬에는 켈트족인 브리튼인이 살고 있었습니다. 그때 현대 독일인의 조상인 게르만 민족의 일파가 공격해왔습니다(게르만족의 대이동). 이때 이 섬에서 예전부터 사용하던 켈트어와 새로 들어온 게르만어가 섞이면서 고대 영어가 만들어졌습니다.

고대 영어는 현재와 알파벳도 다르고, 지방마다 사용하는 문법과 단어도 달랐습니다.

현대 영어와 전혀 달라서 우리가 고전 문학 작품을 공부하듯이 따로 배워야 이해할 수 있습니다.

✏️ 라틴어가 유입되면서 만들어진 '중세 영어'

다음으로 성립된 중세 영어(Middle English)는 고대 영어와 라틴어가 섞여 만들어진 언어

그림 H-3 많은 언어를 받아들이면서 변화한 영어

5세기경
게르만족의 대이동

1066년
노르만족의 정복

켈트족
브리튼인

【고대 영어】켈트어＋게르만어
【중세 영어】고대 영어＋라틴어(프랑스어)
【근대 영어】1600년~1900년대
【현대 영어】1900년~현재

입니다.

1066년 프랑스 북부 노르망디 지방의 군주가 브리튼 섬을 정복하고 잉글랜드 왕으로 즉위했습니다. 이때까지 브리튼 섬에서 사용되던 고대 영어와 노르망디 지방 사람들이 사용하던 라틴어가 서로 섞이며 중세 영어로 발전했습니다.

라틴어는 원래 포르투갈, 스페인, 프랑스, 이탈리아 등 신성 로마제국의 세력권에서 사용되던 언어였습니다. 당시 라틴어에서 프랑스어로 바뀌는 과도기에 사용하던 말이 브리튼 섬에 들어오게 되었습니다.

제프리 초서의 『캔터베리 이야기』는 중세 영어로 쓰인 책으로 유명합니다. 이 시기의 영어는 사용하는 단어 등을 비롯해 비교적 현대 영어와 비슷한 부분이 많아 어느 정도 공부하면 제법 읽을 수 있습니다.

현대 영어와 직결되는 '근대 영어'

근대 영어(Modern English)는 1600년대 들어오면서 문법과 단어가 다듬어지며 현대 영어와 형태가 상당히 비슷해졌습니다.

대항해시대를 거치면서 기독교 포교를 목적으로 중세 영어 문법과 단어가 통일되어 1900년대 초까지 거의 같은 형식으로 사용되었습니다.

세계화로 점점 간략해지는 '현대 영어'

현대 영어(Contemporary English)는 근대 영어를 보다 간략화한 현대 영어권에서 사용되는 영어입니다.

근대 영어는 본래 포교를 위해 정리된 영어여서 형식적인 표현이 많다는 애로 사항이 있었습니다.

20세기에 접어들자 타이태닉호로 대표되는 거대 여객선 등을 타고 수많은 이민자들이 영어권으로 유입됩니다. 게다가 제2차 세계대전 이후 미국이 승전국으로서 세계 경제를 이끌게 되자 전 세계 사람들이 사업을 할 때 영어를 사용하기 시작했습니다.

영어권이 급속히 확대되고 외국과의 국제적 교류가 활발해지는 과정에서 **'영어의 간략화'**도 급속히 진행되었습니다. 영문법을 배우는 데 있어 '영어의 간략화'는 중요한 키워드이므로 기억해둡시다.

그리고 비슷한 표현의 단어들이 통일되거나, 문법 일부가 생략된 영어로 변화하기도 했습니다. 이것이 바로 우리가 배우는 현대 영어입니다.

세계화가 진행되는 요즘 'chaebol(재벌)'과 'bulgogi(불고기)'가 영어로 정착하는 등 보다 다양한 언어를 받아들이면서 현대 영어도 나날이 변화하고 있습니다.

 ## 영문법의 '왜?'를 모두 해결할 수 있다!

지금까지 '원어민의 사고방식'을 자연스럽게 익힐 수 있는 영문법 학습법의 세 가지 포인트를 설명했습니다.

이 세 가지를 알아두면 각 문법에 관한 다음과 같은 의문이 해결됩니다.

왜 이 문법은 이런 형식을 사용하는가?

왜 이 문법이 필요한가?

어떤 상황에서 이 문법을 사용하는가?

더불어 한 번 읽기만 해도 믿기지 않을 정도로 영문법이 머릿속에 쏙쏙 들어오는 것을 실감할 수 있을 것입니다.

제 1 장

s **v**

영어의
기본 구조

영어는 '동사'와 '형식'이 90%

제1장에서는 '영어의 기본 구조(구성 요소)'를 만드는 문법을 다룹니다.

오른쪽 그림을 봅시다. 이 순서대로 배우면 영어의 기본 구조를 더욱 깊이 있게 이해할 수 있습니다. 먼저 '영어의 기본 구조'의 큰 틀부터 살펴봅시다.

가장 중요한 포인트는 '동사'와 '형식'입니다. 이 두 가지 요소가 영어의 기본 구조의 90% 이상을 차지합니다.

다음으로 '관사'와 '전치사' 등 **명사와 동사를 주변에서 받쳐주는 문법**, 마지막으로 '접속사'와 '형용사', '부사'가 있습니다.

먼저 be 동사와 일반 동사부터 시작하는 이유는 영어에서뿐만 아니라 **동사는 언어에서 중심적인 역할을 하는 말**이기 때문입니다.

그리고 '부정문'과 '의문문', '의문사', '명령형'과 같은 동사와 관련된 문법을 배운 다음에는 '형식'으로 들어가는 순서에 따라 배웁니다.

앞서 말했듯이 전 세계에서 사용되는 언어 대부분에서 형식은 중요한 요소를 차지합니다.

'형식' 다음 순서는 a나 the와 같이 명사에 붙는 '관사', in이나 to와 같이 동사에 붙는 '전치사'입니다.

여기까지 모두 익힌 다음 문장을 만들 줄 알게 되면, 이제는 더 긴 문장을 만드는 데 필요한 '접속사', 명사와 동사를 자세히 설명하는 '형용사'와 '부사'가 등장할 차례입니다.

이상이 '영어의 기본 구조'의 전체 줄거리입니다. 그럼 바로 동사부터 살펴보도록 합시다.

제1장

영어의 기본 구조

제2장
시제

제3장
동사에서 파생된 문법

제4장
조합하여 만들어진 문법

제5장
틀리기 쉬운 영문법

그림 1-1 제1장 '영어의 기본 구조'의 흐름도

동사의 문법

1 **be 동사** (am, are, is 등)

2 **일반 동사**

동사에 관련된 문법

3 **동사의 부정문·의문문**

4 **의문사** (what, who, where, when, which 등)

5 **명령형**

형식

6 **기본 5형식**

(S + V, S + V + C, S + V + O, S + V + O + O, S + V + O + C)

명사/동사에 붙는 문법

7 **관사** (a/an, the)

8 **전치사** (in, on, with, for 등)

더 긴 문장을 만들기 위한 문법

9 **접속사** (but, if 등)

명사/동사를 더 자세히 설명하기 위한 문법

10 **형용사** (cute, brave 등)

11 **부사** (fast, well 등)

왜 am, are, is는 'be 동사'라고 부를까?

s ɔv 영어에서 처음으로 만나는 최대의 수수께끼 'be 동사'

학창 시절 저는 영어 수업에서 처음으로 am, are, is라는 'be 동사'를 배웠습니다. 그리고 갑자기 다음과 같은 의문과 맞닥뜨리고 말았습니다. '왜 am, are, is를 'be 동사'라고 부를까?' am에도, are에도, is에도, 그 어디에도 be라는 글자가 보이지 않았습니다. 그런데 왜 'be 동사'라고 이름 지었을까요?

저는 선생님들을 찾아다니며 질문했습니다. 그러자 "원래 그냥 그런 것…"이라는 대답만 돌아올 뿐이었습니다.

영문법의 '왜?'를 추구하는 제 여행은 이때부터 시작되었을지도 모릅니다.

s ɔv be 동사의 기원은 고대 영어

이 의문의 답은 'be 동사'가 걸어온 역사에서 찾을 수 있었습니다.

'be 동사'라는 명칭의 기원은 지금으로부터 약 1500년 전에 태어난 '고대 영어'까지 거슬러 올라갑니다. 당시 사용하던 고대 영어에서는 현재의 'am, are, is'에 해당하는 표현으로 다른 단어를 사용했었습니다(그림 1-2 참조). 오른쪽 그림에서는 이해하기 쉽도록 현대 영어처럼 1인칭을 I, 2인칭을 You, 3인칭을 He로 표현했습니다.

당시 be 동사는 1인칭에서 'bēo', 2인칭에서 'bist', 3인칭에서 'biþ'라는 말을 사용했습니다. 'bēo, bist, biþ'를 자세히 살펴보면 어간(활용하지 않는 부분)이 'b'임을 알 수 있습

제1장
영어의 기본 구조

제2장
시제

제3장
파생된 문법 동사에서

제4장
조합어진 만들어 문법

제5장
영문법 틀리기 쉬운

| 그림 1-2 | 'be 동사'라는 명칭의 기원은 '고대 영어' |

	현대 영어	고대 영어
I (1인칭)	am	bēo
You (2인칭)	are	bist
He (3인칭)	is	biþ

첫 글자 'b'와 1인칭을 나타내는 'bēo'로부터 'be 동사'라는 명칭이 만들어졌다.

니다.

이처럼 'be 동사'는 어간 'b'와 가장 많이 사용하는 1인칭 표현인 'bēo'에서 따온 명칭입니다.

S OV 게르만어 유래

고대 영어는 켈트어, 게르만어 외에 인도계 산스크리트어 등의 영향을 받았습니다. 그중에서도 'be 동사'의 어원인 'bēo, bist, biþ'는 게르만어에서 유래된 말입니다. 그 증거로 게르만어의 직계 후손인 현대 독일어에서도 영어의 'am'에 해당하는 단어로 같은 b로 시작하는 'bin'을 사용한다는 것을 들 수 있습니다.

왜 'be 동사'의 활용은 제각각일까?

s ○v─ 주어에 따라 활용

앞서 'be 동사'라는 명칭은 고대 영어의 흔적이라고 설명했습니다. 다음으로 "왜 be 동사 'am, are, is, was, were'에는 규칙성이 없을까?"라는 질문에 대한 궁금증을 풀어보도록 합시다.

먼저 be 동사의 활용법에 대해 한번 짚고 넘어가 볼까요? be 동사는 '주어가 몇 인칭인가?'

그림 1-3	'be 동사'의 활용형
1인칭	**I am** a teacher. 저는 교사입니다.
2인칭	**You** are a teacher. 당신은 교사입니다.
3인칭	**He / She** is a teacher. 그/그녀는 교사입니다.
주어가 복수	**We / They** are teachers. 우리/그들은 교사입니다.
1인칭·3인칭의 과거형	**I / He / She** was a teacher. 저/그/그녀는 교사였습니다.
2인칭·복수의 과거형	**You / We / They** were teachers. 당신들/우리/그들은 교사였습니다.

하는 관점에서 그림 1-3과 같이 활용합니다.

'be 동사의 활용에 규칙성이 없는 이유'를 설명하자면 전문가 수준의 이야기를 해야 하므로, 이 책에서는 결론만을 간결하게 소개하겠습니다.

제1장
영어의 기본 구조

제2장
시제

제3장
파생된 문법

제4장
조합되어 만들어진 문법

제5장
틀리기 쉬운 영문법

s ɔv 기원은 인도계와 북유럽계 언어

am과 is, was의 기원은 인도의 산스크리트어 'asmi', 'asti', 'vasati'이고, are은 고대 북유럽어인 art, were는 고대 북유럽어의 'wesa', 'wesan'이라고 합니다. 영어는 '인도유럽어족' 그룹에 속하는 언어 중 하나로, 그 기원을 거슬러 올라가면 현재 인도와 유럽에서 사용하는 언어와도 가까운 친척 관계였습니다.

고대 영어 시대의 브리튼 섬에 인도계 언어를 사용하는 사람과 북유럽계 언어를 사용하는 사람들이 대거 이동해왔습니다. 그리고 두 민족이 사용하던 말이 고대 영어 'bēo, bist, biþ'

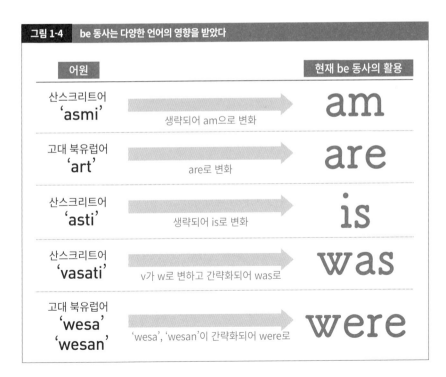

그림 1-4 be 동사는 다양한 언어의 영향을 받았다

어원		현재 be 동사의 활용
산스크리트어 'asmi'	생략되어 am으로 변화	am
고대 북유럽어 'art'	are로 변화	are
산스크리트어 'asti'	생략되어 is로 변화	is
산스크리트어 'vasati'	v가 w로 변하고 간략화되어 was로	was
고대 북유럽어 'wesa' 'wesan'	'wesa', 'wesan'이 간략화되어 were로	were

를 밀어내버렸습니다.

언어에는 '사용 인구'가 많은 쪽이 남는다는 특징이 있어서 시대의 흐름에 따라 다수파를 차지하는 언어가 계속 달라지다가 현재와 같은 형태로 남은 것으로 보입니다.

이처럼 **be 동사의 활용이 제각각인 이유는 '각기 어원이 다르고, 시대를 거치면서 변화'** 했기 때문입니다.

'~입니다' 이외의 'be 동사' 번역법

제1장
영어의 기본 구조

제2장
시제

제3장
파생된 문법 동사에서

제4장
조합하여 만들어진 문법

제5장
영문법 틀리기 쉬운

S ⌐v- be 동사의 세 가지 용법

이번에는 'be 동사의 의미'에 대해서 알아봅시다. 대부분 be 동사는 '~입니다'라는 의미라고 배웠을 것입니다.

처음에는 그런가 보다 하지만, '~입니다'라고 번역하면 어색한 경우를 조금씩 접하게 되면서 be 동사의 용법이 헷갈리기 시작합니다.

사실 be 동사에는 ① **성질,** ② **상태,** ③ **소재라는 '세 가지 숨겨진 뉘앙스'**가 있습니다. 이를 모두 이해하면 be 동사를 더욱 정확하게 사용할 수 있습니다.

S ⌐v- be 동사의 용법 ① '성질'

① 성질은 **'변하지 않는 것'을 가리킬 때** 사용합니다.

예를 들어, 'I am a teacher. (저는 교사입니다.)'라고 말하면 그 시점에는 '교사임'에 변함이 없습니다. 'I am from Seoul. (저는 서울 출신입니다.)'도 be 동사를 '성질'을 나타내는 데 사용한 예입니다. 이때 **from에 '~로부터 떨어져 있다'라는 숨은 뉘앙스가 있다는 점에 주의**해야 합니다. 즉 'I am from Seoul.'은 '저는 서울로부터 떨어져 있습니다.'라는 뉘앙스가 포함되어 있어 엄밀하게 번역하면 '저는 서울에서 태어나 자랐고, 그곳으로부터 (계속) 떨어져 있는 상태입니다.'라고 할 수 있습니다.

이를 일상적으로 사용한 결과 '저는 서울 출신입니다.'라는 의미로 정착되었습니다.

그림 1-5   be 동사의 세 가지 용법

① 성질 …… 변하지 않는 것

I am a teacher.
저는 교사입니다.

② 상태 …… 그때의 일시적인 상태

He is tired.
(형용사)
그는 피곤한 상태입니다.

③ 소재(있다/존재한다) …… 사람이나 물건이 어디에 있는가

She was in the garden.
그녀는 정원에 있었습니다.

---

s ⊃v▸ be 동사의 용법 ② '상태'

② 상태는 **'그때의 일시적인 상태'를 나타낼 때** 사용합니다.

'He is tired. (그는 피곤한 상태입니다.)'에는 '(그 시점에는) 그는 피곤한 상태이다'라는 뉘앙스가 포함되어 '피로는 언젠가 풀릴 것임'을 암시하고 있습니다. 이처럼 상태를 나타내기 위해 사용할 때는 뒤에 주로 형용사가 온다는 점을 특징으로 꼽을 수 있습니다.

---

s ⊃v▸ be 동사의 용법 ③ '소재(있다/존재한다)'

③ 소재는 'She was in the garden. (그녀는 정원에 있었습니다.)'처럼 **'사람이나 물건이 어디에 있는지'를 나타낼 때** 사용합니다.

'be 동사는 어떻게 사용해야 할지 잘 모르겠다.' 그렇게 느끼는 사람이 많은 듯한데, 사실 이 세 가지 용법으로 모두 설명할 수 있습니다.

제1장
영어의 기본 구조

제2장
시제

제3장
파생된 문법에서 동사

제4장
조합하여 만들어진 문법

제5장
틀리기 쉬운 영문법

왜 '3인칭 단수 현재형'일 때만 동사에 s가 붙을까?

s ⊃ v ▸ '3인칭·단수·현재형'의 수수께끼

be 동사는 주어에 따라 활용되는 한편, swim(헤엄치다)이나 read(읽다) 등 **일반 동사에서는 '3인칭·단수·현재형일 때 어미에 s가 붙는'** 변화가 일어납니다.

【예】He/She swim**s**. (그/그녀는 헤엄칩니다.)

이른바 '3인칭 단수 현재형 s'입니다. 왜 '3인칭·단수·현재형'일 때만 동사에 s가 붙을까요?

s ⊃ v ▸ 원래는 모든 주어에 따라 활용했었다

사실 고대 영어와 중세 영어에서는 모든 주어에 따라 동사가 변화했었습니다. 이는 결코 드문 일이 아니며, 마찬가지로 현대 유럽 언어에서도 현재형을 포함하여 동사가 모두 주어에 따라 변화합니다.

스페인어를 예로 들어봅시다(그림 1-6 참조). 스페인어에서는 1인칭(나는), 2인칭(당신은), 3인칭(그/그녀는), 1인칭 복수(우리는), 2인칭 복수(당신들은), 3인칭 복수(그들/그녀들은) 모두에서 동사의 현재형이 변화합니다.

즉 스페인어를 배울 때는 동사 하나당 현재형만 여섯 가지 활용형을 외워야 한다는 말입니다.

동사를 모두 외우기란 매우 힘들지만, '동사를 활용함으로써 주어를 생략할 수 있다'는 장점도 있습니다.

예를 들면 'nado'라고만 하고 주어를 생략해도 듣는 사람은 '1인칭 단어니까 주어는 '나'구나.' 하고 알 수 있는 것입니다.

이처럼 **유럽 언어에는 고대부터 현대에 이르기까지 동사를 활용하고 주어를 생략하는 특징**이 있습니다.

s ⟩v• '동사를 외우는 수고'를 덜었다

그렇다면 왜 현대 영어는 '3인칭 단수 현재형 s'에 이르렀을까요?

다른 유럽 언어와 사고방식이 반대였다고 생각하면 이해가 됩니다. 즉 영어는 **'주어를 말함으로써 동사의 활용을 줄인다'는 방향으로 변화**했습니다. 이로써 복잡한 동사의 활용을 외울 필요가 없어지며 동사 외우기가 한결 쉬워졌습니다.

그러는 한편, 대화에 자주 등장하는 '3인칭·단수·현재형'만큼은 강조하는 편이 이해하기 쉽다는 점을 고려하여 다양한 활용 방법 중에서 최소한의 활용형인 '어미에 s 붙이기'만 남았을 것으로 추정됩니다.

그림 1-6	유럽 언어는 대개 모든 주어마다 동사가 모두 변화한다	
	영어	스페인어
(나는)	I swim	Yo nado
(당신은)	You swim	Tú nadas
(그는)	He swims	Él nada
(우리는)	We swim	Nosotros nadamos
(당신들은)	You swim	Vosotros nadais
(그들은)	They swim	Ellos nadan

스페인어는 모든 주어마다 동사가 모두 변화한다. 많은 유럽 언어들과 달리 영어는 주어를 생략하지 않고 말함으로써 동사의 활용을 줄이는 방향으로 진화했다.

제 1 장 │ 영어의 기본 구조

일반 동사 ②

제1장
영
어
의
기
본
구
조

제2장
시
제

제3장
파
생
된
문
법

동
사
에
서

제4장
조
합
하
여

만
들
어
진
문
법

제5장
영
문
법

틀
리
기

쉬
운

'be 동사'와 '일반 동사'를 구분하는 요령

s ?v· be 동사와 일반 동사는 '뉘앙스'가 다르다

be 동사와 일반 동사 중 어느 쪽을 사용해야 할지 종종 망설여집니다.

예를 들어 '그는 침대에서 자고 있습니다.'와 같은 문장을 만들 때 다음과 같이 두 가지 방법으로 표현할 수 있습니다.

① He is in bed.

② He sleeps in bed.

두 문장 중 아무거나 써도 될 것 같아 보이지만, 사실 ①과 ②에는 **'미묘'한 뉘앙스 차이**가 있습니다.

s ?v· be 동사는 '정적', 일반 동사는 '동적'

예를 들어 He has three cats. (그는 고양이를 세 마리 키우고 있습니다.) 이 문장에서는 **듣는 사람에게 말하는 사람이 적극적으로 고양이를 키우고 있다는 뉘앙스가 전해집니다.**

번역문을 보면 동사 '키우다'가 그다지 강조되지 않는 인상을 받을지도 모릅니다. 그럼 다음 두 문장을 비교해봅시다.

③ He has three cats. (그는 고양이를 세 마리 키우고 있습니다.)

④ There are three cats in his house.

（그의 집에는 고양이 세 마리가 있습니다.）

번역문이 미묘하게 다른 점을 눈치채셨습니까?

③**에서는 '그는 고양이를 키우고 있다'라는, 그가 고양이를 돌보고 있다는 적극성**이 전해
집니다.

한편 ④에서는 그의 집에 고양이가 있다는 사실에는 변함없지만, **그가 돌보고 있다는 적극
성이 느껴지지 않습니다.**

마찬가지로 ① He is in bed. 이 문장에서는 '그가 침대에서 자고 있다'는 광경(정적)에 초
점을 두는 한편, ② He sleeps in bed. 이 문장에서는 '그가 침대에서 자신의 몸을 쉬게 하
고 있다'는 동적(적극적)인 뉘앙스가 전해집니다.

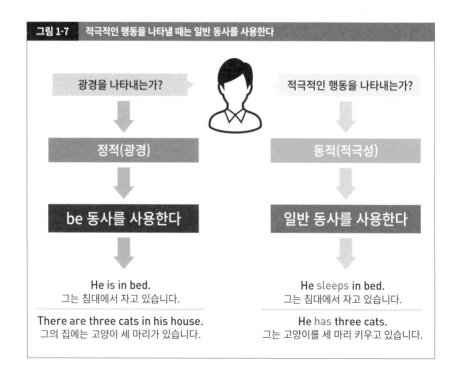

그림 1-7   적극적인 행동을 나타낼 때는 일반 동사를 사용한다

원어민은 **먼저 '정적인가 동적인가' 하는 인식에 따라 be 동사와 일반 동사를 나누고, 그 다음으로 단어를 고르는 식**으로 생각합니다.

평소에 대화하는 데는 동사만 사용해도 별다른 문제가 없지만, 더욱 정확하게 be 동사와 일반 동사를 구분해서 사용하고 싶다면 '정적인가 동적인가' 하는 관점에서 생각해봅시다.

제1장
영어의 기본 구조

제2장
시제

제3장
동사에서 파생된 문법

제4장
조합하여 만들어진 문법

제5장
영문법 들리기 쉬운

'be 동사'도 '일반 동사'도 사실은 같은 규칙을 따른다!

s ɔv 영어로 '부정문'과 '의문문' 만드는 방법

be 동사를 사용한 다음 긍정문을 봅시다.

【긍정】 He is tired. (그는 피곤합니다.)

부정문으로 '그는 피곤하지 않습니다.'라고 할 때는 **be 동사 뒤에 'not'을 붙입니다.**

【부정】 He is not tired. (그는 피곤하지 않습니다.)

의문문으로 '그는 피곤합니까?'라고 할 때는 **be 동사를 문장 앞으로 옮기고 문장 끝에 '?(물음표)'를 붙여** 다음과 같은 문장을 만듭니다.

【의문】 Is he tired? (그는 피곤합니까?)

이처럼 be 동사의 부정문과 의문문을 만드는 규칙 자체는 간단합니다.

중학교 영어 수업에서 1학년 초에 배우는 규칙인데, 다들 금세 외웠을 것입니다.

s ɔv 예전에는 규칙이 더 간단했다

사실 영어의 역사를 살펴보면 다음과 같이 be 동사 뒤에 'no'만 붙여서 부정문을 만들던 시기도 있었습니다.

He is **no** tired.

의문문도 마찬가지로 예전에는 긍정문과 같은 형태를 사용하면서 문장 끝에 '?'를 붙이고 어미를 올려서 발음했을 뿐이었습니다.

He is tired?

이처럼 부정문과 의문문을 간단한 형태로 사용하던 시기가 있었지만, 시간이 흐르며 앞서 설명한 규칙으로 자리 잡았습니다.

어쩌면 사용하다 보니 'no는 발음이 약해서 부정문인지 알아채기 어렵다.', '의문문과 긍정문의 형태가 같으면 알아듣기 힘들다.' 등과 같은 불편함을 느낀 사람이 많았을 수도 있습니다.

지금까지 사용해오면서 이 규칙이 많은 사람에게 가장 알아듣기 쉬우면서도 사용하기 쉬웠기에 시간이 흐르며 현재와 같은 형태로 자리 잡았을 것으로 생각됩니다.

s p v 일반 동사의 부정문과 의문문에서 'do'가 등장하는 수수께끼

be 동사의 부정문과 의문문에 비해 일반 동사의 부정문과 의문문은 규칙이 조금 복잡합니다. 먼저 일반 동사의 부정문과 의문문을 만드는 방법부터 다시 한번 정리해봅시다.

다음과 같이 일반 동사를 사용한 긍정문이 있다고 합시다.

【긍정】 They come here today. (오늘 그들은 여기에 옵니다.)

이 문장을 부정문 '오늘 그들은 여기에 오지 않습니다.'로 만들 때 **동사 앞에 'do not'**을 붙여서 다음과 같은 문장을 만듭니다.

【부정】 They do not(don't) come here today.
(오늘 그들은 여기에 오지 않습니다.)

제1장
영어의 기본 구조

제2장
시제

제3장
동사에서 파생된 문법

제4장
조합되어진 문법

제5장
틀리기 쉬운 영문법

의문문 '오늘 그들은 여기에 옵니까?'를 만들 때는 **do를 문장 앞에, '?'를 문장 끝에** 둡니다.

【의문】Do they come here today? (오늘 그들은 여기에 옵니까?)

언뜻 보면 단순한 규칙 같지만 '왜 부정문과 의문문에서 갑자기 do가 등장할까?' 그런 의문이 들 수도 있습니다.

오늘날에도 사용되는 '강조 표현'에서 그 이유를 설명할 힌트를 얻을 수 있습니다.

s ɔv 예전에는 긍정문에서도 'do'를 사용했다

왜 부정문과 의문문에 갑자기 'do'가 등장할까요? 이 수수께끼를 풀려면 다시 한번 영어의 역사를 들추어 보아야 합니다.

사실 **고대 영어부터 근대 영어에 이르기까지 다음과 같이 긍정문에서도 'do'를 사용했습니다.**

They do come here today.

현대 영어에서 이런 형태로 사용하면 '오늘 그들은 여기에 **틀림없이 옵니다.**'가 되어 동사 'come'을 강조하는 표현이 됩니다.

그런데 **근대 영어를 사용하던 때까지만 해도 'do ＋ 동사 원형'이 한 세트로 '동사'였습니다.** 이를 바탕으로 다시 한번 생각해봅시다.

【긍정】They do come here today. ← 동사 앞에 do를 둔다

【부정】They do not come here today. ← do에 not을 붙인다

【의문】Do they come here today? ← do를 문장 앞에 두고 문장 끝에 ?를
　　　　붙인다

do 대신 is를 대입해보면 be 동사로 만들 때와 완전히 똑같은 순서로 부정문과 의문문이

제1장
영어의 기본 구조

제2장
시제

제3장
파생된 문법에서

제4장
만들어진 조합하여 문법

제5장
영문법 듣기 쉬운

그림 1-8 사실 be 동사든 일반 동사든 부정문과 의문문을 만드는 규칙은 같다!

be 동사로 부정문과 의문문을 만드는 규칙

【긍정문】 He is tired.　　　　　그는 피곤합니다.
【부정문】 He is not tired.　　　그는 피곤하지 않습니다.
【의문문】 Is he tired?　　　　　그는 피곤합니까?

일반 동사로 부정문과 의문문을 만드는 규칙

(2인칭)

【긍정문】 They do come here today.
【부정문】 They do not come here today. ← do에 not을 붙인다
【의문문】 Do they come here today? ← do를 문장 앞에 두고 문장 끝에 ?를 붙인다

(3인칭)

【긍정문】 He does come here today.
【부정문】 He does not come here today. ← does에 not을 붙인다
【의문문】 Does he come here today? ← does를 문장 앞에 두고 문장 끝에 ?를 붙인다

(3인칭 과거형)

【긍정문】 He did come here today.
【부정문】 He did not come here today. ← did에 not을 붙인다
【의문문】 Did he come here today? ← did를 문장 앞에 두고 문장 끝에 ?를 붙인다

완성됩니다.

현대 영어에서는 긍정문에만 'do'가 없어서 혼자 따로 노는 것처럼 보이지만, 사실 be 동사와 같은 규칙에 따라 부정문과 의문문을 만들었을 뿐입니다.

'부정문과 의문문에 등장하는 do'는 결코 갑자기 튀어나온 것이 아니라 긍정문에서 숨어 있던 do가 be 동사의 규칙과 똑같이 이동한 것입니다.

S○V● '3인칭 단수 현재형'의 부정문·의문문 만드는 방법

다음으로 '3인칭 단수 현재형 s'가 붙을 때의 부정문과 의문문을 생각해봅시다.

'3인칭 단수 현재형' 주어가 올 때는 'do' 대신 'does'가 등장합니다.

【긍정】He likes cats. ← 3인칭 단수 현재형 s가 붙는다

【부정】He does not like cats. ← does에 not을 붙인다

【의문】Does he like cats? ← does를 문장 앞에 두고 문장 끝에 ?를 붙인다

원래 'does'는 단순히 do에 s를 붙인 'dos(도스)'였습니다. 하지만 do(두) 발음과 더욱 비슷해지도록 e를 붙여 'does(두스)'가 되었다가, 이윽고 '더즈'로 발음하게 되어 현재에 이르렀습니다.

s v '동사 + s'는 'does'의 s가 동사로 옮겨간 것

여기서 왜 부정문과 의문문에서는 'does + 동사 원형'을 사용할까?라는 의문이 듭니다.

이 수수께끼를 푸는 열쇠는 앞서 설명했던 **'동사 = do + 동사 원형'**에서 찾을 수 있습니다.

근대 영어에 이르기까지 '3인칭 단수 현재형'이 주어일 때 긍정문은 다음과 같은 형태를 취했습니다.

【옛날 긍정문】He does like cats. ← does가 붙는다

이처럼 긍정문에서는 **'동사 + s'가 아니라 'does + 동사 원형'을 사용했었습니다.**

학교 수업에서는 아마도 'does 뒤에는 동사 원형이 온다'고 배웠을 것입니다. 그런데 역사적으로 보면 **'긍정문의 does를 생략하기 위해 does의 s를 동사 원형으로 옮긴 것'**입니다.

s v 과거형의 부정문과 의문문도 같은 방식이다

동사의 과거형에 대해서는 제2장에서 다시 설명하겠지만, 부정문과 의문문은 does와 완전히 똑같은 방식으로 만듭니다.

제1장
영어의 기본 구조

제2장
시제

제3장
파생된 문법 동사에서

제4장
조합하여 만들어진 문법

제5장
틀리기 쉬운 영문법

【긍정】He (d̶i̶d̶) came (c̶o̶m̶e̶) here today.

【부정】He **did not** come here today. ← did에 not을 붙인다

【의문】**Did** he come here today? ← did를 문장 앞에 두고 문장 끝에 ?를

붙인다

긍정문도 does와 똑같은 방식을 따릅니다.

원래 do의 과거형인 'did + 동사 원형'을 사용하다가 현재는 생략되고 동사 원형이 과거형

으로 변하는 형태를 따르고 있습니다.

s ᅌv▶ 옛날 영어에서는 동사를 명사 취급했다

예전에 영어에서 'do + come(오는 것을 하다)', 'do + swim(헤엄치는 것을 하다)'처럼 사

용했던 이유로는 여러 가지 설이 있습니다.

저는 **'동사 원형을 명사 취급했다'**고 볼 수 있다는 의견에 한 표를 던지고 싶습니다.

'동사 원형을 명사 취급'하는 용법은 라틴어와 게르만어에 기인합니다.

예를 들어 현대 스페인어로 '가고 싶다'는 'quiero ir(끼에로 이르)'라고 합니다. 'quiero'

는 '~를 바라다'라는 뜻이고, 'ir'는 '가다'의 원형입니다. 즉 현대 라틴계 언어에서도 동사 원

형을 명사처럼 'quiero ir(가는 것을 바라다)'라고 표현합니다.

지금까지 부정문과 의문문을 살펴봤는데, be 동사일 때도 일반 동사일 때도 똑같은 방식으

로 문장을 만든다는 사실을 알게 되었을 것입니다.

'5W1H'가 아닌 '8W1H'로 이해한다

S ?V 의문사는 '8W1H'로 외우자

의문사, 하면 대부분 학교 수업에서 **5W1H**라는 말로 배웠을 것입니다.

5W1H란 아래 그림과 같이 what, who, where, when, why의 '5W'와 how의 '1H'를 가리킵니다.

하지만 이 여섯 개에 더하여 실제로 자주 사용되는 의문사 세 개인 which, whose, whom 도 포함해 '8W1H'로 외우는 편이 유용합니다.

그림 1-9 **5W1H와 8W1H**

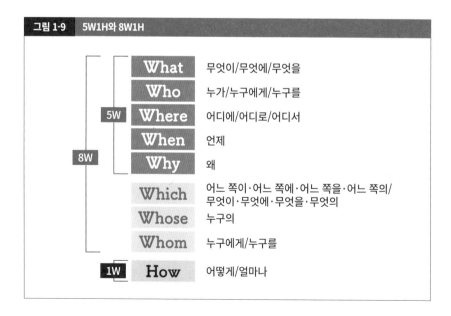

제1장
영어의 기본 구조

제2장
시제

제3장
파생된 문법에서 동사

제4장
조합하여 만들어진 문법

제5장
틀리기 쉬운 영문법

s ⊃v· 의문사는 'yes/no' 이외의 답을 질문하는 것

'8W1H' 의문사는 '네/아니오'와 같은 단순한 답이 아니라 **'무엇을?', '누가?', '어디서?',** **'언제?', '어떻게?'와 같이 더욱 구체적인 답을 구할 때** 사용합니다.

이 중에서 '누구에게/누구를'로 사용하는 whom은 주의해야 할 의문사입니다. whom은 19세기경까지 확실히 구별해 사용했지만, 현대로 오면서 점점 간단해져 who로 대체되는 일이 많아졌기 때문입니다. 다만 계약서 등 공식적인 문서에서는 확실히 구별해야 합니다.

s ⊃v· 의문사 용법

의문사는 아래 그림과 같이 반드시 문장 앞에 두어 사용합니다. 먼저 의문사로 말을 꺼내면 듣는 사람도 '질문하고 있구나.' 하고 바로 알아차릴 수 있습니다.

그림 1-10	의문사는 반드시 문장 앞에 둔다
What do you want?	무엇을 원합니까?
Who did you meet there?	그곳에서 누구를 만났습니까?
Where does he go?	그는 어디로 갑니까?
When is your birthday?	당신의 생일은 언제입니까?
Why are you so busy?	왜 그렇게 바쁩니까?
Which girl is your daughter?	어떤 소녀가 당신의 딸입니까?
Whose pen is this?	이것은 누구의 펜입니까?
Whom is this book about?	이 책은 누구에 대해 쓰인 것입니까?
How can we buy the tickets?	티켓은 어떻게 하면 살 수 있습니까?

의문형을 취하지 않는 의문사 용법

s ɔv▶ 의문형을 취하지 않는 의문사 용법 ① '간접의문문'

앞에서 '의문사는 반드시 문장 앞에 둔다'고 설명했습니다.

여기서 **의문사가 문장 중간에 들어가는** '간접의문문'을 조심해야 합니다.

'저는 그가 어디로 가는지 모릅니다.' 이와 같은 문장을 예로 들어 자세히 살펴보도록 합시다.

보통 다음과 같은 형태로 틀리기 쉽습니다.

- 저는 그가 어디로 가는지 모릅니다.

  × I don't know where does he go?

  ○ I don't know where he goes.

먼저 앞에서 이야기한 '부정문과 의문문의 규칙'에 비추어 살펴봅시다.

이 문장은 **의문사가 아니라 don't(do not)가 문장 앞에 있으니 부정문으로 판단할 수 있습니다.**

'그가 어디로 가는가?'에 대해 질문한 것이 아니므로 'do의 이동'은 일어나지 않았습니다.

영어에서는 맨 앞에 의문사나 조동사가 있는지 없는지에 따라 의문문인지 아닌지를 판단합니다. 따라서 **문장 중간에 들어간 의문사는 긍정문으로 다루어야** 올바르다고 볼 수 있습니다.

제1장
영어의 기본 구조

제2장
시제

제3장
파생된 문법에서 동사

제4장
조합하여 만들어진 문법

제5장
영문법 틀리기 쉬운

S ⟜V 의문형을 취하지 않는 의문사 용법 ② 'who와 what이 주어가 되는 경우'

다음과 같이 다른 유형도 하나 더 있습니다.

① Who runs the fastest? (누가 가장 빨리 달릴 수 있습니까?)

② What happened? (무슨 일이 일어났나요?)

이 문장을 잘 살펴보면 'Do you ~ ?', 'Does she ~ ?'와 같은 의문문 형태를 취하지 않았습니다(does나 did가 들어가지 않으므로 동사 원형을 사용하지 않는다).

도대체 어째서 그런 것일까요?

이 문장은 **각각 'Who(누가)'와 'What(무엇이)'이 주어**가 됩니다.

보통 의문사를 사용한 문장에는 다음과 같이 의문사가 아닌 주어가 따로 존재합니다. 따라서 동사를 뒤바꾼 의문문 형태를 취할 수 있습니다.

Who did you meet there? (당신은 그곳에서 누구와 만났습니까?)

그런데 'who와 what이 주어가 되는 경우'에는 문제가 생깁니다.

예를 들면, 'Does who run the fastest?'처럼 does를 문장 앞에 두면 '의문사를 문장 앞에 두는 규칙'과 부딪히게 됩니다. 그렇다고 'Who does run the fastest?'라고 하면 does 다음에 주어가 없어 이 역시 어색한 문장이 되고 맙니다.

①, ②와 같은 용법은 이러한 갈등을 거쳐 이윽고 **'긍정문과 같은 어순 그대로 의문을 던진다'**는 형태로 정착되었다고 볼 수 있습니다.

왜 '5W1H' 중에서 How의 첫 글자만 H일까?

s ɔv ◦ 'How'만 'H'인 수수께끼

'8W1H(5W1H)' 중에서 how의 첫 글자만 'h'입니다. how 이외의 의문사는 what이나 who 등 모두 'wh'로 시작합니다. 만약 how도 wh로 시작하는 단어였다면 '9W(6W)'처럼 깔끔해 지지 않았을까요?

s ɔv ◦ 고대 영어 시대부터 'w'가 생략되었다

'왜 how의 앞 글자만 h일까요?' 이 의문 역시 영어의 역사에서 답을 찾을 수 있습니다.

고대 영어 시대에는 현재 'wh'로 시작하는 의문사가 **모두 'hwat(무엇이)', 'hwo(누가)', 'hwū(어떻게)'와 같이 'hw'로 시작하는 말이었습니다.** 그러다 노르만족이 침공해 형성된 중세 영어 시대에 철자가 변화했습니다.

라틴어(프랑스어)계 사람들이 브리튼 섬으로 유입되자 고대 영어 철자의 일부가 달라졌습니다. 그러면서 'hwat'은 what, 'hwo'는 who로 바뀌었습니다.

원래 프랑스어 등 라틴계 언어에서는 h를 발음하지 않았습니다. 따라서 hwat이나 hwo와 같이 'hw로 시작하는 의문사'를 발음하기가 어려웠습니다. 그래서 w와 h를 바꾸어 what이나 who라고 쓰게 되었습니다(when이나 which 등 다른 의문사도 마찬가지).

한편, 현재의 how에 해당하는 'hwū'는 고대 영어가 정착하기 전에 사용하던 옛 게르만어(Proto-Germanic) 등에서 유래했습니다.

제1장
영어의 기본 구조

제2장
시제

제3장
파생된 문법 동사에서

제4장
만들어진 문법 조합하여

제5장
영문법 틀리기 쉬운

고대 영어 시대에는 [hu:]로 발음했으며, 당시부터 w가 생략되어 철자가 'hū'로 바뀌었습니다. 나중에 브리튼 섬에 온 노르만족들 역시 h를 발음하지 않아서 처음에는 'hū'를 '우'처럼 발음했습니다. 그러다가 시대의 흐름에 따라 '하우'로 변화하면서 달라진 발음에 맞추어 어미에 w를 붙여 'how'라고 쓰게 되었습니다.

이러한 흔적은 현재 영어와 프랑스어 사이에서도 흔히 볼 수 있습니다. 예를 들어 'theater(영화관, 시어터)'라는 단어는 프랑스어로는 'theatre(테아트르)'로, 'er'을 're'로 뒤바꾸어 씁니다.

현재 뉴욕에서 간판에 'theatre'라고 적혀 있는 오래된 영화관이나, 일본에서 '테아트르 ○○'라는 영화관을 볼 수 있는데, 모두 프랑스어에서 유래한 것입니다.

그림 1-11 의문사는 '발음의 용이성'에 따라 변화한다

고대 영어 → 현대 영어

hwat → what
w와 h가 서로 뒤바뀐다

hwo → who
w와 h가 서로 뒤바뀐다

hwū → hū → how
w가 사라진다   ow로 변한다

명령문을 둘러싼 두 가지 수수께끼

s ⊃v▶ 명령문의 규칙 확인하기

명령문은 '~ 해라' 하고 상대방에게 특정 동작을 요구하는 문장입니다. 주어를 생략하고 동사를 문장 앞에 두어 사용합니다.

긍정 명령(~ 해라)

(~~You~~) Open the window. (창문을 열어라.)

부정 명령(~ 하면 안 된다)

(~~You~~) Don't(Do not) open the window.

문장의 주어를 생략할 뿐이어서 용법 자체는 간단합니다. 보통은 여기서 설명을 마치지만, '명령문의 규칙'에는 두 가지 수수께끼가 남아 있습니다.

s ⊃v▶ 왜 주어가 없을까?

첫 번째 수수께끼. **'왜 명령문에서는 주어를 생략할까?'**

한국어에서는 주어를 자주 생략하기 때문에 어색하지 않지만, 영어에는 '반드시 주어를 넣어 동사를 최소한으로 활용하도록 해온' 역사가 있습니다. 그런데 왜 명령문에서는 주어를 생략할까요?

먼저 **명령문은 눈앞에 있는 사람에게 한정된 말이기 때문**이라는 이유를 들 수 있습니다. 보이지 않는 사람에게 '창문을 열어라.' 하고 명령하는 사람은 없습니다. 즉 누구에게 이야기하는지 명확하므로 주어를 생략해도 의미가 전달됩니다. 주어를 생략하지 않으면 일반적인 긍정문이나 부정문과 혼동하기 쉽다는 이유도 있습니다.

s ⮐v - 왜 동사 원형을 사용할까?

또 다른 수수께끼. **'왜 동사 원형을 사용할까?'**

앞서 '명령문은 눈앞에 있는 사람에게 하는 말'이라고 설명했는데, 그 전제에 따라 항상 주어가 2인칭이므로 '3인칭 단수 현재형 s'가 붙지 않습니다.

여기서 **'왜 현재형인가?'** 하는 문제가 남습니다. 이 수수께끼에 대해서는 여러 학설이 존재하며, 하나의 해석으로 정리되지는 않았습니다. 한 가지 설에 따르면 '시제가 애매하기 때문'이라고 합니다. '창문을 열어라.' 이 문장으로 생각해봅시다.

① 지금 당장 열도록 상대방에게 요구하고 있으므로 시제는 현재다

② 창문을 여는 것은 조금 앞일이므로 시제는 미래다

이처럼 두 가지로 생각할 수 있어 시제가 모호합니다. 그래서 **'시제가 애매할 때는 현재형을 사용한다'**고, '결정을 내리지 못해' 현재형이 되었다는 설이 있습니다.

하나의 가능성으로 생각할 수도 있지만, 사실 그것만으로는 해결할 수 없는 문제가 남아 있습니다. 바로 **'여러 언어에서 동사 원형으로 말하면 강한 명령문이 된다'**는 법칙의 존재입니다.

예를 들면 한국어나 일본어에서는 '창문을 빨리 연다!'라든가 '얼른, 빨리 온다!'와 같은 구어 표현이 더 강한 명령문으로 쓰입니다. 이는 스페인어나 이탈리아어 등 제가 조사한 언어 대부분에서 공통으로 나타나는 현상입니다.

이 수수께끼에 대한 답으로 '언어의 가장 근본적인 형태는 원형이다'라는 설을 들 수 있겠습

제1장
영어의 기본 구조

제2장
시제

제3장
파생된 문법에서 동사

제4장
조합하여 만들어진 문법

제5장
틀리기 쉬운 명령 문법문

니다. 인간 이외의 동물에게도 언어가 있다고 하는데, '지금 이것을 해라'처럼 대부분은 **지금, 이 순간의 명령**밖에 존재하지 않는다는 공통점이 있습니다. 즉 **명령형은 언어의 출발점이며, 그 흔적이 현대 우리들의 말에 남았으리라고 생각됩니다.**

제1장
영어의 기본 구조

제2장
시제

제3장
파생사에서 동사문법

제4장
조합하여 만들어진 문법

제5장
영문법 틀리기 쉬운

영어는 '순서'가 생명

s ⊃v▸ 형식이란 단어를 나열하는 순서

의문문을 배웠으니 이제는 조금 더 복잡한 문장을 말하는 데 필요한 '기본 5형식'을 살펴봅시다. 먼저 기본 5형식의 '형식'이란 영어 문장에서 **단어를 나열하는 순서**를 말합니다.

　그저 '단어를 나열하는 순서'를 배우는 것뿐인데도 기본 5형식을 '어렵다'고 느끼는 사람이 많습니다. 왜 한국인은 기본 5형식을 어렵다고 생각할까요?

s ⊃v▸ '단어의 순서'가 자유로운 한국어

사실 기본 5형식을 어렵게 느끼는 가장 큰 이유는 **한국어가 '조사'를 가진 아주 특수한 언어이기 때문**입니다. 예를 들어 다음 문장을 살펴봅시다. '그는 사과를 먹었다.'

　한국어에서는 다음과 같이 말의 순서를 바꾸더라도 의미가 통합니다.

- 사과를 그는 먹었다.

- 먹었다 사과를 그는.

순서를 바꾸어도 의미가 통하는 이유는 한국어에 조사가 존재하기 때문입니다.

　위 문장에서 **'는'은 주어를 보조하고, '를'은 목적어를 나타냅니다.** 즉 순서가 뒤섞여도 '~는'이 있으니 '그는'이 주어임을 알 수 있고, '~를'이 있으니 '사과를'이 목적어임을 알 수 있습니다.

한국어는 조사 덕에 순서를 자유롭게 바꿀 수 있는 언어입니다. 제가 알아본 바로는 이처럼 '조사' 기능이 존재하는 언어는 희소 언어를 제외하면 한국어와 일본어가 유일했습니다.

사실 한국어와 일본어는 세계적으로도 매우 희귀한 언어라고 할 수 있습니다.

s v 영어는 '순서'에 따라 모든 것이 결정된다

그럼 조사가 존재하지 않는 영어에서는 어떻게 주어와 목적어임을 알 수 있을까요?

그 이유는 **영어의 경우 '단어의 순서'로 주어와 목적어를 정하기 때문**입니다.

영어에서 단어의 순서를 바꾸면 어떻게 되는지 살펴봅시다.

He ate an apple. (그는 사과를 먹었다.)

① An apple ate him. (사과가 그를 먹었다.) → 반대 의미가 된다

② Ate he an apple. (먹어라 그는 사과.) → 의미가 통하지 않는다

①에서는 말의 순서를 바꿈으로써 주어와 서술어가 바뀌고 의미도 정반대가 되었습니다.

②에서는 동사를 문장 앞으로 가져옴으로써 뉘앙스가 명령문처럼 변한 데다가 he와 an apple이 무엇을 가리키는지 알 수 없게 되었습니다.

이처럼 **'영어는 순서가 생명'이며, 순서가 달라지면 의미가 전혀 통하지 않게 됩니다.**

이러한 차이점으로 인해 한국인은 기본 5형식을 배우기가 쉽지 않은 것입니다.

제1장
영어의 기본 구조

제2장
시제

제3장
파생된 문법 동사에서

제4장
만들어진 문법 조합하여

제5장
영문법 틀리기 쉬운

형식은 주어와 서술어를 정하는 데서 시작한다

S ▷V 1형식 'S + V'

지금부터 기본 5형식을 하나씩 살펴봅시다.

먼저 '1형식'이란 다음과 같은 문장을 말합니다.

1형식 〈주어(S) + 서술어(V)〉

【예】I go. (나는 갑니다.)

1형식은 영어에서 가장 기본적인 구조로, **첫 번째 단어를 '주어', 두 번째 단어를 '서술어' 로 인식하는 형태를 띤 문장**입니다.

'~은/는'과 '~을/를'이 존재하는 한국어에서 순서는 그다지 중요하지 않습니다. 하지만 영어에는 조사가 없는 대신 **순서에 따라 주어와 서술어를 정한다**는 규칙이 있습니다.

1형식은 영어 문장을 만드는 가장 기본적인 형태입니다. 이 형식만 봐도 영어 문장을 만들 때 **'가장 먼저 주어와 서술어부터 정한다'**는 사실을 알 수 있습니다.

S ▷V V는 동사가 아닌 '서술어'

보통 형식을 말할 때 **'S'는 주어(subject), 'V'는 서술어(verb)**를 가리킵니다. 여기서 verb 는 라틴어 'verbum(말)'에서 유래된 말인데, 이를 사전에서 '동사'로 번역해 'V = 동사'라고 오해하는 경우가 많습니다.

여기서 **주어와 서술어는 '문장에서의 역할'을 가리키며, 명사나 동사와 같은 '각 단어의 품사'와는 다른 개념**이라는 점에 주의해야 합니다. 명사와 동사, 형용사는 문장 어디에 쓰여도 항상 명사, 동사, 형용사일 뿐입니다.

한편 주어와 서술어 등은 '문장에서의 역할'을 가리킵니다. 따라서 '서술어'와 '동사'는 애초에 보는 관점부터 다른 표현이라는 말입니다.

이렇게 생각해봅시다. '영어 교사 A 씨'는 그 사람만 놓고 보아도 영어 교사이고, 집에 있든 전철을 타고 이동하든 '본래의 직업'이 달라지는 일은 없습니다. 그렇지만 음식점이라는 장소에 들어서는 순간 '손님'으로 역할이 바뀝니다. 즉 '품사'는 그 단어의 본래 직업, '주어와 서술어'는 상황에 따른 역할이라고 생각하면 됩니다.

s ⊃v 2형식 'S + V + C'

2형식은 S + V 다음에 오는 단어를 '보어'로 인식하는 형태이며, 다음과 같은 문장 구조로 이루어집니다.

2형식 〈주어(S) + 서술어(V) + 보어(C)〉

【예】 ① I am a student. (저는 학생입니다.)

　　　　 S　V　　 C 〈보어〉

　　 ② He is busy. (그는 바쁩니다.)

　　　　 S　 V C 〈보어〉

C는 'Complement(~를 보완하다)'에서 유래했으며, 주어(S)와 서술어(V)의 관계를 설명하는 역할을 담당합니다.

예시 ①에서 'I am. (저는 입니다.)'라고만 한다면 무슨 말을 하고 싶은 문장인지 알 수 없습니다. 이때 보어로 'a student'를 넣어 'I am **a student**. (저는 **학생입니다**.)'라고 하면 의미를 지닌 문장이 만들어집니다.

제1장
영어의 기본 구조

제2장
시제

제3장
파생어 동사에서 문법

제4장
조합하여 만들어진 문법

제5장
영문법 틀리기 쉬운

예시 ②에서도 마찬가지로 'He is. (그는 입니다.)'라고만 하면 무슨 말을 하고 싶은지 알 수 없습니다. 'He is **busy**. (그는 **바쁩**니다.)'와 같이 보어를 넣어줌으로써 비로소 의도가 전달되는 문장이 완성됩니다.

2형식에서는 **'주어와 보어가 바뀌어도 의미가 달라지지 않는다'**는 특징이 있습니다. ①을 '학생은 저입니다.', ②를 '바쁜 것은 그입니다.'와 같이 순서를 바꾸어보면 주어와 보어의 관계가 동등함을 알 수 있습니다.

s ᴾv▸ 3형식 'S + V + O'

3형식은 서술어 다음에 오는 단어를 '**목적어(O)**'로 인식하는 형태입니다. O란 'Object(대상)'에서 유래한 말로, 여기에는 한국어에서 '~을/를'에 해당하는 말이 옵니다.

3형식 〈주어(S) + 서술어(V) + 목적어(O)〉

【예】① I meet her. (나는 그녀를 만납니다.)

　　　S　V　　O (~를) 〈목적어〉

② He wants a car. (그는 차를 원합니다.)

　　　S　　V　　　O (~를) 〈목적어〉

실제로 문장을 만들 때는 **서술어 다음에 '~을/를'이란 의미로 표현하고 싶은 단어를 가져온다**는 것만 기억합시다.

1~3형식 모두 똑같이 **'S(주어)와 V(서술어)가 앞'**에 온다는 원칙이 적용됩니다. 한국어에서는 'S가 O를 V하다.'와 같이 기본적으로 주어와 서술어 사이에 목적어를 두는 형태를 따릅니다. 이러한 차이를 제대로 이해하면 '영어의 순서'가 헷갈리는 일은 더 이상 없을 것입니다.

s ᴾv▸ 4형식 'S + V + IO + DO'

4형식은 3형식이 발전한 형태입니다. 3형식에서는 '그는 차를 원합니다.'와 같이 목적어(O)

가 하나뿐이었습니다.

4형식에서는 '저는 그녀에게 반지를 줍니다.'와 같이 '~에게'와 '~을/를'에 해당하는 **두 가지 목적어**가 등장합니다. 4형식은 다음과 같은 순서로 이루어집니다.

4형식 〈주어(S) + 서술어(V) + 간접목적어(IO) + 직접목적어(DO)〉

【예】I give her　　　a ring. (저는 그녀에게 반지를 줍니다.)
　　　 S V 　IO (~에게) 　DO (~를)

먼저 한국어에서 '~에/에게'에 해당하는 목적어를 '간접목적어(Indirect Object, IO)', '~을/를'에 해당하는 목적어를 '직접목적어(Direct Object, DO)'로 구별합니다.

그런 다음에 기본 형태인 'S + V' 뒤에 'IO + DO'를 차례로 나열해 'S + V + IO + DO' 순으로 만들면 4형식 문장이 완성됩니다.

S ? V 영어는 '중요도'에 따라 순서가 정해진다

이때 '왜 같은 목적어인데 간접목적어가 앞에 올까?' 하는 의문이 들 수도 있습니다. 통설로는 '간접목적어를 더 중시하기 때문에'라는 견해를 들 수 있습니다.

'주어와 서술어가 앞'에 온다는 원칙에서 알 수 있듯이 영어에서는 '앞에 나온 단어가 더 중요하다'는 뉘앙스가 숨어 있습니다.

앞서 4형식에서 예로 든 '저는 그녀에게 반지를 줍니다.' 이 문장에서처럼 대부분 간접목적어에는 사람, 직접목적어에는 사물이 들어가는 경향을 보입니다. 그래서 주로 사람이 들어가는 간접목적어를 앞으로 가져오는 규칙이 정해졌으리라고 봅니다.

S ? V 목적어 순서를 바꾸고 '전치사'를 표식으로 삼는다

4형식인 'S + V + IO + DO' 순서는 '간접목적어(IO)가 더 중요하기 때문에 앞으로 가져오는 규칙'이라고 설명했습니다. 하지만 문장에 따라서는 '직접목적어(DO)'를 더 중요시하고 싶은 경우도 제법 있습니다.

　예를 들어 '그녀에게 무엇을 줄 건가요?'라는 질문에 대답할 때는 '저는 **반지**를 그녀에게 줄 것입니다.'와 같이 반지를 강조해서 대답하고 싶을 것입니다. 그런데 단순히 강조하고 싶은 쪽을 앞으로 가져와 다음과 같은 문장을 만들면 큰 오해를 사게 됩니다.

　✕ I give a ring her. (저는 반지에 그녀를 줍니다.)
　　 S V 　 **DO** **IO**

4형식에서는 순서에 따라 저절로 IO와 DO가 정해집니다. 따라서 위와 같이 순서를 바꾸면 '반지에 그녀를 준다'는 문장이 되어버립니다.

　그래서 다음과 같이 전치사를 두고 'IO와 DO의 순서를 바꾸어 DO를 강조한 문장'을 만듭니다. **IO와 DO 사이에 둔 'to'는 '목적어를 바꾸었음'을 나타내는 표식 기능**을 합니다.

I give **her** a ring. (저는 **그녀에게** 반지를 줍니다.)

I give a ring **to her**. (저는 반지를 **그녀에게** 줍니다.)
　　　 (전치사)

　이처럼 IO와 DO를 바꾸고 전치사를 두면 4형식이 아닌 3형식(S + V + O)으로 취급합니다.

S⊃V▸ 4형식 → 3형식에서 'to'와 'for'의 구분법

4형식 → 3형식에서 간접목적어(IO) 앞에 'to' 외에 'for'를 사용하기도 합니다.

【예】

①　저는 그녀에게 반지를 줍니다.

　I give a ring to her. (lend/send/tell/show)

제1장
영어의 기본 구조

제2장
시제

제3장
파생된 동사에서 문법

제4장
조합하여 만들어진 문법

제5장
틀리기 쉬운 영문법

② 저는 그녀에게 줄 반지를 삽니다.

I buy a ring for her. (make/cook/get/produce)

이 구분법은 영어 시험 문제로도 자주 등장하지만, 일상 대화에서도 종종 접할 수 있습니다. 영어를 잘하는 사람도 정확한 구분법을 알지 못한 채 감각에 따라 사용하는 일도 적지 않습니다.

to를 두는 단어와 for를 두는 단어를 비교해보면 대략적인 공통점이 보여 구분법을 파악할 수 있을 것입니다.

① to → '상대가 없으면 할 수 없는 동사'와 함께 사용한다.

② for → '혼자서도 할 수 있는 동사'와 함께 사용한다.

①에 해당하는 동사를 자세히 살펴봅시다.

give(주다), send(보내다), tell(전하다), show(보여주다) 등의 동사는 **'상대방을 향해 무엇인가를 한다'는 방향성이 있습니다.**

전치사 to에는 'I go to Seoul. (저는 서울에 갑니다.)'처럼 어떤 방향으로 향한다는 뉘앙스가 있습니다. 따라서 이러한 동사들과 함께 to를 사용합니다.

②에 해당하는 동사는 buy(사다), make(만들다), cook(요리하다), get(입수하다) 등 **상대가 없어도 완료할 수 있는 행위**를 나타냅니다.

'그녀에게 줄 반지를 산다'는 행위는 그곳에 상대가 없어도 할 수 있습니다. '그녀에게 반지를 만들어준다'는 행위도 만들기만 할 뿐이라면 상대가 없어도 할 수 있습니다. 의미에 '~를 위해 ○을 한다'는 뉘앙스가 있으며, 'to'를 사용하는 동사와 달리 직접 무언가를 건넨다는 방향성을 나타내는 개념이 없습니다.

s ⊃v 5형식 'S + V + O + C'

마지막 5형식은 다음과 같은 형식을 말합니다.

【예】

① 나는 내 고양이를 나비라고 이름 지었습니다.

I named my cat Nabi.

② 저는 아내를 행복하게 하고 싶습니다.

I want to make my wife happy.

이 문장의 구조를 살펴보면 다음과 같은 순서로 이루어져 있습니다.

5형식

〈주어(S) + 서술어(V) + 목적어(O) + 보어(C)〉

문장 ①에서는 'my cat(내 고양이를)'이 목적어(O)입니다. '나는 내 고양이를 이름 지었다.' 는 뜻입니다. 하지만 '이름을 어떻게 지었는지'는 알 수 없습니다. 그래서 목적어 뒤에 '어떤 이름으로 지었는지'를 나타내는 '보어(C)'를 붙여서 의미를 보완하면 5형식이라는 형식이 완성됩니다.

보어는 2형식에서 설명했듯이 '저는 ~입니다.'에서 '~'에 해당하는 말입니다.

실은 목적어(O)와 보어(C)에는 다음과 같은 숨겨진 관계가 있습니다.

I named **my cat Nabi**. → **My cat is Nabi**.

            O   (be) C   S   V   C

즉 목적어(O)에 해당하는 'my cat'과 보어(C)에 해당하는 'Nabi'는 be 동사로 연결했을 때 2형식 'S + V + C'와 같은 관계가 성립하는 성질이 있습니다.

'나는 내 고양이를 나비라고 이름 지었습니다.'라는 문장과 '내 고양이는 나비다.'는 서로 의미가 통합니다.

문장 ②에서도 마찬가지입니다.

I want to make **my wife happy**. → **My wife will be happy**.
                    O   (be) C   S   V   C

여기서는 '저는 아내를 행복하게 하고 싶습니다.'라는 문장이므로 미래형을 가리키는 'will be'를 사용하는 것이 적절한데, 이로써 '아내가 행복해진다.'는 문장이 성립됩니다.

5형식 문장은 초급자들이 실제 영어 회화에서 별로 접할 일이 없는 조금 특수한 형식이지만, 대화 중에 갑자기 튀어나왔을 때 당황하지 않도록 기억해둡시다.

제1장
영어의 기본 구조

제2장
시제

제3장
파생된 문법에서 동사

제4장
만들어진 문법 조합하여

제5장
영문법 틀리기 쉬운

'a/an'을 사용하는 경우는 두 가지뿐!

s ᗞv 'a/an'은 근대 영어 시대부터 등장했다

이번에는 '관사'에 대해서 살펴봅시다. 관사는 명사 앞에 붙이는 **a, an, the**를 가리킵니다.

> This is **a** pen. (이것은 한 개의 펜이다.)
>
> I eat **an** apple every morning. (저는 매일 아침 사과를 한 개 먹습니다.)
>
> **The** light is on. (그 조명은 켜져 있습니다.)

사실 관사 중에서 '부정관사'라고 부르는 'a/an'은 고대 영어부터 근대 영어에 이르기까지 거의 사용되지 않았습니다. 영어의 어원에 해당하는 라틴어나 게르만어, 인도계 언어 등에는 '명사에 a/an을 붙이는' 습관 자체가 없었기 때문입니다. 'a/an'은 18세기 전후부터 영어에 등장했습니다.

s ᗞv 'a/an' 용법

a/an은 **'하나의 ~'라는 의미**입니다. 다만 오해하기 쉬우므로 주의해야 합니다.

원칙적으로 **'a + 가산명사 단수형'**으로 사용합니다. 'a pen(한 개의 펜)'처럼 **셀 수 있는 명사가 한 개일 때 그 명사 앞에 a/an을 둡니다.**

반대로 셀 수 없는 명사에는 a/an을 붙이지 않습니다. 예를 들면, 'water(물)'와 같은 액체는 셀 수 없는 명사이므로 'a water'로 표현하지 않습니다.

그리고 이 세상에 하나밖에 없는 것도 셀 수 없으므로 a/an을 붙이지 않습니다. 예를 들면 'Mt. Halla(한라산)'는 세상에 하나밖에 없으므로 a/an을 붙이지 않습니다. 한라산 외에도 세계에 한 명밖에 없는 '인물'이나 '축구' 등 스포츠 명칭 등도 같은 것이 여러 개 존재하지 않으므로 a/an을 붙이지 않습니다.

s ɔv a/an의 숨은 뉘앙스 ① '많이 있는 것 중 한 개'

그러나 '한 개의'라는 개념에만 사로잡혀버리면, a/an을 사용할 때 원어민과는 미묘한 뉘앙스 차이가 생기게 됩니다. **원어민이 a/an이라는 말을 들으면 '하나의' 이외의 숨은 뉘앙스를 알아차리기** 때문입니다.

a/an에는 **'(이 세상에 많이 있는 것 중에서) 한 개 → 어느 것이라도 상관없다!'**는 숨은 뉘앙스가 있습니다.

① 많이 있는 것 중 한 개

I saw a cat. (저는 고양이 한 마리를 보았습니다.)

이 경우 '어떤 특정 고양이를 가리키는 것이 아니라 이 세상에 있는 많은 고양이 중에서 불특정한 고양이를 보았다'는 뉘앙스가 담겨 있습니다.

그 외에도 다음과 같이 불특정한 것을 가리킬 때 자주 사용합니다.

Please pick a pen.

([아무것이나 상관없으니] 펜을 하나 집어주세요.)

이때 'a pen'은 예를 들면 연필꽂이에 펜이 여러 개 꽂혀 있을 때, **'이 중에서 (어느 것이든 상관없으니) 펜 한 개를 집어주세요'**라는 뉘앙스가 담겨 있습니다.

a/an을 가리키는 '부정관사'라는 이름은 무엇인가를 특정하지 않는 뉘앙스에서 비롯된 말입니다.

제1장
영어의 기본 구조

제2장
시제

제3장
파생된 문법 동사에서

제4장
조합하여 만들어진 문법

제5장
영문법 틀리기 쉬운

S PV a/an의 숨은 뉘앙스 ② '통째로 한 개'

a/an에는 다음과 같은 숨은 뉘앙스가 하나 더 있습니다.

② (통째로) 한 개

I ate an apple.

(저는 사과를 통째로 한 개 먹었습니다.)

이때는 '사과를 한 조각 먹었다'가 아니라 '사과를 통째로 한 개 먹었다'는 의미가 됩니다.
용법 자체는 그렇게 어렵지 않습니다. 하지만 다음 문장처럼 뉘앙스 차이가 생기기 쉬우니
주의해야 합니다.

I ate a pork. (저는 돼지를 통째로 한 마리 먹었습니다.)

한국어에서는 '돼지고기를 먹었다'고만 해도 '돼지 한 마리를 먹었다'고 받아들이는 사람이
없을 것입니다. 그런데 a/an에는 **'(통째로) 한 개'**라는 숨은 뉘앙스가 있어 전혀 다른 의미를
가진 문장이 되어버립니다.

이외에도 쇠고기(beef)나 수박(watermelon) 등 한 번에 통째로 먹지 않는 것에 대해서는
'a slice of ~ (한 조각)' 등을 붙이면 올바른 뉘앙스로 전달됩니다.

I ate a slice of pork. (저는 돼지고기를 한 조각 먹었습니다.)

이처럼 어느 정도 확실한 양을 설명할 때는 'a ~ of'라는 표현을 많이 사용합니다.

I want a cup of tea. (저는 홍차 한 잔을 원합니다.)
I bought a pair of shoes. (저는 신발 한 켤레를 샀습니다.)

반대로 '한 마리 분량의'라는 뉘앙스를 의도적으로 넣을 때는 a pork라고 해도 자연스럽게

그림 1-12 영어 수 세는 법

세는 방법	번역	세는 방법	번역
a bag of ~	한 봉지의 ~	a glass of ~	유리컵 한 컵 분량의 ~
a bottle of ~	병 한 개의 ~	a head of ~	한 포기의 ~
a bunch of ~	한 다발의 ~	a pair of ~	한 쌍의 ~
a bowl of ~	그릇(공기)/ 한 그릇 분량의 ~	a piece of ~	한 조각의/ ~에서 잘라낸 일부의
a cup of ~	컵 한 잔 분량의 ~	a slice of ~	한 조각의 ~/ ~의 조각
a couple of ~	한 쌍의 ~	a scoop of ~	한 번 뜬 분량의 ~
a can of ~	한 캔의 ~	a spoonful of ~	숟가락 가득의 ~

영어로 양을 설명하고 싶을 때는 위와 같이 말할 수 있다.
'두 개의 ~'라고 하고 싶다면 'two bottles of water(병 두 개 분량의 물)'와 같이 'a' 대신 숫자를 쓰고, 단위에 해당하는 단어를 복수형으로 바꾼다.

전달됩니다.

I bought a pork. (저는 한 마리 분량의 돼지고기를 샀습니다.)

I eat a pork in a year. (저는 1년에 한 마리 분량의 돼지고기를 먹습니다.)

'통째로 한 개'라는 뉘앙스로 a/an을 쓸 때는 함께 사용하는 명사를 비롯해 그 상황에 알맞은지도 고려해 사용해야 합니다.

s ⊃v 'a/an'을 사용하는 경우는 두 가지뿐!

예외적으로 '~라는'이라는 숨은 뉘앙스를 내비칠 때, 극히 드물게 인물에 a/an을 사용하기도 합니다.

제1장
영어의 기본 구조

제2장
시제

제3장
파생된 문법 동사에서

제4장
조합하여 만들어진 문법

제5장
영문법 들리기 쉬운

그림 1-13 'a/an'의 두 가지 숨은 뉘앙스

a/an의 숨은 뉘앙스 ① '많이 있는 것 중 한 개'

예 I saw a cat. 저는 고양이 한 마리를 보았습니다.

예 Please pick a pen. (아무것이나 상관없으니) 펜을 하나 집어주세요.

a/an의 숨은 뉘앙스 ② '통째로 한 개'

예 I ate an apple. 저는 사과를 통째로 한 개 먹었습니다.

예 I ate a pork. 저는 돼지를 통째로 한 마리 먹었습니다.

A Mike came here. (마이크라는 사람이 여기에 왔습니다.)

원래 인물에는 a를 붙이지 않지만 잘 모르는 사람임을 강조할 때는 a를 붙이기도 합니다.

일반적으로 부정관사 a/an을 사용하는 경우는 **가산명사 단수형일 때 ① '이 세상에 많이 있는 것 중 하나'와 ② '통째로 한 개'의 두 가지뿐**이라고 기억해둡시다.

S P V 'an'으로 만드는 경우

문제는 하나 더 있습니다. 'a/an'을 사용할 때 '어떤 경우에 an으로 만드는가?'

흔히 '모음으로 시작하는 단어 앞에 둘 때 an으로 만든다'고 설명합니다. 영어에서 모음에 해당하는 알파벳에는 'a, e, i, o, u' 등이 있지만, 사실 **첫 글자가 모음인 모든 단어에 an을 붙인다는 것은 잘못된 말입니다.**

실제 예시를 살펴봅시다.

【an이 붙는 단어로 헷갈리기 쉬운 단어 예시】

◯ an apple [애플] 사과

◯ an orange can [오렌지] 주황색 캔

× **a** ~~an~~ university [유니버시티] 대학교

× **a** ~~an~~ unique idea [유니크 아이디어] 독특한 아이디어

× **an** ~~a~~ FBI officer [에프비아이 오피서] FBI 수사관

먼저 apple과 orange can은 an을 붙이는 게 옳다고 생각하는 사람이 많을 것입니다.

a인지 an인지는 바로 뒤에 오는 단어에 따라 정해지므로 orange can의 경우 can만 있으면 a can이 되겠지만, 앞에 orange가 오기 때문에 an으로 바뀝니다.

다음부터가 문제인데, university와 unique idea 등의 경우에는 an을 붙이면 안 됩니다. 진짜 규칙은 **'발음이 모음으로 시작하는 단어' 모두에 an을 붙이는 것**이기 때문입니다. 이는 **'a(어)' 발음이 다음 단어의 모음과 겹쳐져 'a(어) apple(애플)'처럼 되면 연달아 발음하기 어려워지므로 'an(언) apple(애플)'로 바꾸어 발음하기 쉽도록 한** 데서 시작되었다고 합니다. 따라서 university와 unique 등 자음으로 시작하는 단어는 an으로 바꿀 필요가 없으므로 그대로 a를 붙이는 것이 정답입니다.

특수한 예로, 'FBI 수사관'을 가리키는 FBI officer는 'F(에프)'가 모음 'e' 발음으로 시작하기 때문에 an을 붙입니다.

'첫 글자가 모음인 단어'라고 무작정 외워버리면 이러한 경우에 틀리는 원인이 될 수 있으니 주의합시다.

제 1 장 │ 영어의 기본 구조

│ 관사 ②

제1장
영어의 기본 구조

제2장
시제

제3장
파생되어서 동사 문법

제4장
조합하여 만들어진 문법

제5장
들리기 쉬운 영문법

'the'는 '그 ~'로만 번역하지 않는다!

s ⊃v· 'the'의 용법

부정관사 a/an 다음으로 정관사라고 부르는 the에 대해서 설명하겠습니다.

학교 수업에서 'the = 그 ~'로 번역한다고 배운 사람이 많을 것입니다. 그러나 모두 '그 ~'라고 번역하면, 원어민이 어색하게 느끼는 용법을 구사하게 될 수도 있습니다.

왜 이러한 오해가 생기는가 하면, **the에도 '그 ~' 이외에 숨겨진 뉘앙스가 있기** 때문입니다.

s ⊃v· 'the'의 용법 ① '예의 ~'

the는 다음과 같이 자주 사용합니다.

① 예의 ~ (그/저/모두가 알고 있는 ~)

Do you know the ruins in Egypt?

(이집트에 있는 예의 그 유적을 알아?)

이렇게 묻는다면 대부분은 '피라미드를 말하는구나' 하고 바로 알아챌 수 있습니다.

이집트에 연관 지어 말하자면 나일강도 마찬가지입니다. '나일'이라고 하면 대부분 '나일강을 말한다'고 인식할 수 있어서 일반적으로 'the Nile'로만 표기합니다.

나일강만큼 인지도가 높지 않은 강이라도 그 지역 사람들이 이용하는 강이라면 그 지역 내에서는 the를 붙일 수 있습니다. 그러나 그 지역 이외의 사람과 이야기할 때 the를 붙이면 혼란을 초래할 수 있습니다.

즉 이런 식으로 the는 말하는 사람과 듣는 사람의 주관에 따라 사용 여부가 정해집니다. 이처럼 **말하는 사람과 듣는 사람이 모두 알고 있는 것을 가리킬 때 the를 사용합니다.**

여기서 'the와 that의 차이가 무엇일까?' 하는 의문이 드는 사람도 있을 것입니다.

that도 '그/저'라고 말할 때 사용하는데, 단독으로 주어로서 사용할 때는 지시대명사, that book과 같이 사용할 때는 지시형용사라고 합니다. '지시'라는 말에서 알 수 있듯이 **'손가락을 가리키며 사용하는 것'이 that**입니다.

That is my favorite cup. (저것은 제가 좋아하는 컵입니다.)

Can you pass me that book? (그 책을 집어주시겠어요?)

이처럼 that은 대상을 손가락으로 가리켜서 상대방에게 보여줄 수 있는 상황일 때 사용합니다. 한편 the는 손가락으로 가리키는 것이 아니라 서로 알고 있는 지식임을 전제로 사용합니다.

Is the story true?

([전에 화제에 올랐던] 그 이야기가 사실입니까?)

이때는 대화 상대가 'the story'가 무슨 이야기인지 알고 있다는 전제하에 사용합니다. 이러한 전제도 없이 갑자기 'the story'라고 말하면 상대방은 "어, 무슨 이야기를 하는 거야?" 하고 놀랄 테니 the를 사용할 때는 '공통의 이해'가 있는지에 유의합시다.

S OV the의 용법 ② '당연한 것'

다음도 '공통의 이해'로 통하는 용법입니다. 듣는 사람이 the를 붙인 것이 무엇인지 바로 이해할 수 있을 때 사용합니다.

② 당연한 것

Open the door. (문을 열어주세요.)

눈앞에 문이 있다면 이 말을 듣고 자기 집에 돌아가서 집 현관문을 열려고 하는 사람은 없을 것입니다. 게다가 굳이 손가락으로 가리킬 필요도 없습니다. 누구나 눈앞의 문을 열어달라는 뜻임을 바로 이해할 수 있습니다. 용법 ②도 기본적으로는 용법 ①의 연장선상에 있는 용법이라고 할 수 있겠습니다.

이 두 가지 외에도 'the Simpsons(심슨 일가)' 등 '가족의 the(~ 씨네 가족)'를 나타낼 때도 사용합니다.

s ɔv 'the'의 발음 규칙

the를 사용할 때는 '발음의 변화' 또한 알아두어야 합니다. the를 구분하는 규칙은 a와 an을 구분할 때와 비슷하므로 아마 쉽게 이해될 것입니다.

모음 발음으로 시작하는 단어 앞에 두는 경우에는 [디]로 발음하고, **자음 발음으로 시작하는 단어 앞에 두는 경우에는 [더]**로 발음합니다.

그림 1-14 **the는 두 가지 방법으로 발음한다**

[디] 모음 발음으로 시작하는 단어 앞에 두는 경우

the **apple**   저 사과
the **orange can**   저 주황색 캔
the **FBI officer**   저 FBI 수사관

[더] 자음 발음으로 시작하는 단어 앞에 두는 경우

the **university**   저 대학교
the **unique idea**   저 독특한 아이디어

마찬가지로 'FBI officer(FBI 수사관)'처럼 모음으로 발음하는 알파벳으로 시작하는 약칭 앞에 관사를 둘 때도 주의해야 합니다. 이때도 역시 a/an 경우와 마찬가지로 모음으로 취급해 [디]라고 발음합니다.

S OV 'the'의 예외적인 용법

예외적으로 보통은 [더]라고 발음하는 경우에도 ① '예의 ~'라는 숨은 뉘앙스를 특히 강조하고자 할 때는 일부러 [디]라고 발음하기도 합니다.

Didn't you go to the Namsan Tower?
(그 남산 타워에 가지 않았나요?)

'Namsan Tower(남산 타워)'는 유일한 것이므로 기본적으로 the를 붙일 필요가 없습니다. 하지만 '유명한 곳인데 안 가봤어?' 하고 놀라움의 의미를 담아 일부러 규칙을 무시하고 'the Namsan Tower(디 남산 타워)'라고 말하기도 합니다.

이처럼 the에는 예외적인 용법이 몇 가지 존재하지만 일상 대화에서는 기본적으로 ① '예의 ~' ② '당연한 것'의 두 가지만 알아두면 문제없을 것입니다.

제1장
영어의 기본 구조

제2장
시제

제3장
파생된 동사에서 문법

제4장
조합하여 만들어진 문법

제5장
영문법 틀리기 쉬운

전치사가 필요할 때, 필요하지 않을 때

s ov 전치사란 무엇일까?

전치사 하면 in, on, with, for 등이 떠오를 것입니다.

일상 대화에서 자주 사용하는 전치사는 대략 10~12개 정도입니다.

뉴스나 서적 등 일상 대화 이외의 상황으로까지 범위를 넓히면 78개 정도의 전치사를 사용합니다. 지금은 오래되어 좀처럼 쓰이지 않는 것까지 포함하면 129개로, 현대 영어 세계에도 다양한 종류의 전치사가 존재합니다.

'100개나 되는 전치사를 어떻게 외워!' 하는 생각이 들 수도 있지만 걱정할 필요는 없습니다. 그렇게까지 다 외울 필요는 없으니까요. 일상 대화 범위 내에서는 기본적인 전치사만 알아두면 충분합니다.

s ov 전치사는 '명사 앞에 두는 말'

원래 전치사(前置詞)는 한자의 의미 그대로 '앞에 두는 말'입니다. 다만 그것만으로는 설명이 조금 부족합니다. 무엇의 앞에 놓는가 하면 '명사'입니다. 즉 전치사의 진정한 정의는 '명사 앞에 두는 말'입니다.

실제 문장에서는 **'전치사 + 명사'** 형태로 사용합니다.

s p v 전치사는 '목적어'에 사용한다

전치사를 인물에 대해서 사용할 때 알아두어야 할 점이 있습니다. 아래 그림처럼 인물 앞에 전치사를 두면 with me(나와), for him(그를 위해)과 같이 인물이 '목적격'이라는 형태로 변합니다. 그럼 왜 전치사 뒤는 목적격이 될까요?

3형식에서 'I meet her. (나는 그녀를 만납니다.)'라는 문장이 있었습니다. 이때 her는 동사 meet(만나다)의 목적어(~를)가 되었기 때문에 목적격으로서 her로 변한 것입니다.

앞서 4형식에서 설명했던 목적어가 바뀌는 형식이 전치사를 사용한 형식입니다.

I bought her a ring. (저는 그녀에게 반지를 사주었습니다.)

→ I bought a ring for her. (저는 반지를 그녀를 위해 샀습니다.)

보통 4형식에서 목적어를 바꿀 때는 간접목적어인 her에 전치사를 붙여서 표시합니다.

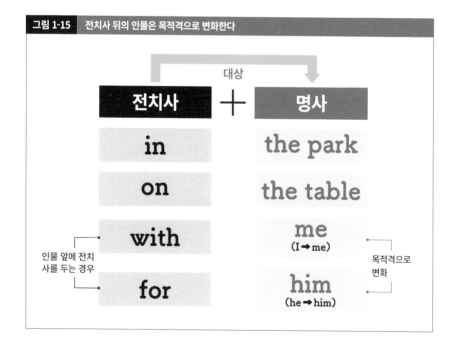

그림 1-15 **전치사 뒤의 인물은 목적격으로 변화한다**

대상

| 전치사 | ＋ | 명사 |

in → the park

on → the table

with → me (I → me)

for → him (he → him)

인물 앞에 전치사를 두는 경우

목적격으로 변화

제1장
영어의 기본 구조

제2장
시제

제3장
파생된 동사에서 문법

제4장
조합하여 만들어진 문법

제5장
영문법 틀리기 쉬운

s ɔv~ until(till)과 by의 구분법

in이나 on 등과 같은 전치사에 대해서는 그렇게까지 신경을 곤두세울 필요가 없습니다.

다만, 그중에는 의미가 비슷해서 구분하기 어려운 것도 있습니다. 예를 들어, **until(till)**과 **by**는 모두 '~까지'로 번역되어 혼동하기 쉽습니다.

그럼 원어민은 어떻게 둘을 구분할까요? 번역문에서 생략되기 쉬운 숨은 뉘앙스에 따라 사용합니다. 엄밀히 말하면, until(till)은 '~까지 쭉'이라는 계속의 의미로 사용합니다. 한편 by는 '~까지는'이라는 기한의 의미로 사용합니다.

I slept **until(till)** afternoon. (오후까지 계속 잤습니다.)

I usually leave home **by** 7 a.m. (보통 아침 7시 전까지는 집을 나섭니다.)

s ɔv~ 'to'와 'toward'의 구분법

다음으로 **to**와 **toward**도 헷갈리기 쉽습니다. 둘 다 '~로'로 번역되어 차이점이 뚜렷하게 드러나지 않는 단어이기 때문입니다.

to에는 '~를 목적지로'라는 숨은 뉘앙스가 있습니다. 반면 **toward**는 '~ 방면으로'라는 의미를 나타냅니다.

I go **to** Busan. (저는 부산으로 갑니다.)

I go **toward** Busan. (저는 부산 방면으로 향합니다.)

to는 '목적지가 부산'임을 나타내는데, toward는 '어느 방향으로 향하는지'를 더 모호하게 말하고 있습니다. 인근 지역인 포항이나 울산 등이 목적지일 가능성도 포함됩니다.

`s pv` 'below'와 'under'의 구분법

일상생활에서 자주 등장하는 below와 under도 '~의 아래로'로 번역되어 구분하기 어려운 전치사입니다. **below가 '~의 아래쪽으로'로 위치를 대략 나타내는 뉘앙스**를 가진 데 반해 **under에는 '~의 바로 아래로'로 조금 더 한정된 위치를 가리키는 말**이라는 특징이 있습니다.

> There is a cat below the table.
> There is a cat under the table.

둘 다 '고양이가 테이블 밑에 있습니다.'라는 문장이지만, below the table이라고 하면 위치를 모호하게 표현하여 '테이블 다리의 옆' 언저리에 고양이가 있을 수도 있습니다. under the table이라고 하면 테이블 밑으로 기어들어 갔다는 뉘앙스가 담겨 있습니다.

`s pv` 'between ~'과 'among ~'의 구분법

between과 among(~ 사이에)의 차이는 학교 시험에도 자주 출제됩니다. between은 **'(두 개의 물건) 사이에'**라는 뉘앙스로, among은 **'(세 개 이상의 물건) 사이에'**라는 의미로 나누어 사용합니다. 두 명 사이가 아니라면 세 명이든 백 명이든 among을 사용합니다.

> This is the secret between you and me.
> (이것은 당신과 저 사이의 비밀입니다.)
> This is the secret among my classmates.
> (이것은 우리 반 친구들 사이에서의 비밀입니다.)

언뜻 보면 같은 '~ 사이에'지만 숨은 뉘앙스를 이해하지 못하면 잘못 사용하기 쉬우므로 주의해야 합니다.

제1장
영어의 기본 구조

제2장
시제

제3장
파생된 문법에서 동사

제4장
만들어진 문법 조합하여

제5장
영문법 틀리기 쉬운

s ⊃v⊸ 'from'의 숨은 뉘앙스에 주의하자!

'전치사의 숨은 뉘앙스' 중에서도 특히 조심해야 할 것이 대화에서도 자주 등장하는 **from**입니다. from은 일반적으로 '~로부터'라는 의미로 배웁니다. 대개는 그런 의미로도 통하지만 '~로부터'만 알아서는 아우를 수 없는 예도 있습니다.

사실 from에는 한국인에게는 조금 와닿지 않는 숨은 뉘앙스가 있습니다.

from의 숨은 뉘앙스 : ~로부터 (떨어지다)

대학 입시 등에서 일명 'prevent from 구문' 문제로 다음과 같은 표현이 자주 등장합니다.

Your opinion is different from mine.

be different from은 중학교에서 주로 '~와 다르다'라는 의미로 배우는 숙어입니다. 하지만 'from: ~로부터'라는 뉘앙스로 직역하면 '당신의 의견은 **나로부터** 다르다.'가 됩니다. 무슨 의미인지는 알겠지만 문장이 조금 어색합니다.

왜 different에 from을 사용했는가 하면 **from에는 '~로부터 떨어지다'**라는 뉘앙스가 숨어 있기 때문입니다. 즉 본래의 뉘앙스에는 **'당신과 나의 의견은 다르고, 떨어져 있다'**와 같은 분위기가 있습니다.

from의 숨은 뉘앙스는 한국어에 없는 개념이므로 한국어로 번역하기란 거의 불가능합니다. 한국어로는 영 어색한 문장이 되어버립니다. 따라서 보통 의역하여 '당신의 의견은 저와 다릅니다.'라고 번역하는 것입니다.

다음 또한 different처럼 중학교에서 배우는 관용구를 사용한 예문입니다.

He is absent from school.

be absent from은 '~을 결석하다'라는 의미로 자주 등장하는 숙어인데, from을 '~로부터'로 번역하면 '학교로부터 결석하다'가 되어 번역문이 조금 어색해집니다.

숨은 뉘앙스에 따라 번역하면 '그는 학교를 결석하여 학교에서 멀어지고 있습니다.(= 학교를 결석하고 다른 장소에 있습니다.)'가 되고, 이를 의역해 '학교에 결석하고 있습니다.'라고 하는 것입니다.

s ɔv 'about'의 숨은 뉘앙스

자주 쓰는 전치사의 숨은 뉘앙스 중에 하나 더 알아두었으면 하는 것이 'about'(~에 대해서/약 ~)입니다.

① Let's talk about this book. (이 책에 대해 이야기합시다.)

② There are about 20 people. (약 20명이 있습니다.)

③ walk about ~ (~를 돌아다니다)

④ come about ~ (~를 선회하다)

왜 '~에 대해서'와 '약'이라는 의미로 같은 about을 사용하는가 하면, 숨은 뉘앙스로 '~ 주변'을 포함하고 있기 때문입니다. ①에서는 '이 책의 주변 이야기를 하자'에서 바뀌어 '~에 대해서'라는 의미가 되었습니다.

마찬가지로 ②에서는 '20명 주변'에서 '약'의 의미로, ③에서는 '~ 주변을 걷다'에서 '돌아다니다'라는 의미가 성립됩니다.

④ come about의 '선회하다'에는 배 등이 '~ 주변을 둘러싸고 접근하다'라는 뉘앙스가 담겨 있습니다.

제1장
영어의 기본 구조

제2장
시제

제3장
파생사에서
동사
문법

제4장
만들어진
조합하여
문법

제5장
틀리기
쉬운
영문법

접속사 뒤에는 쉼표를 붙이지 않는다

s ɔv▸ 접속사란 어떤 말일까?

접속사를 다시 정의해보자면 **'문장과 문장을 이어주는 말'**이라고 할 수 있습니다.

그러면 여기서 말하는 '문장'이란 무엇을 가리킬까요? 바로 **'주어와 서술어의 한 세트'**를 가리킵니다. '주어와 서술어의 한 세트'를 절이라고 부르며, 다음과 같이 사용합니다.

〈원칙〉 접속사 + 주어 + 서술어 + α

I didn't know <u>that</u> he went out.

　　　　　　　that 절

(저는 그가 **외출한** 것을 몰랐습니다.)

위의 예에서는 두 개의 주어와 서술어 세트, 'I didn't know. (저는 몰랐습니다.)'와 'he went. (그는 갔다.)'를 that이 연결하고 있습니다.

이때 that 이하의 주어 서술어 세트가 바로 대학 입시를 준비할 때 자주 듣는 **'that 절'**이라는 것입니다.

s ɔv▸ 문장 앞의 접속사를 쉼표로 자르기 금지

접속사를 사용할 때 종종 접속사 바로 뒤에 쉼표를 넣는 실수를 저지릅니다.

다음 문장을 살펴봅시다.

그리고 그녀는 떠났습니다.

× And, she left here.

○ And she left here.

하지만 저는 그를 만나러 갔습니다.

× But, I went to see him.

○ But I went to see him.

한국어에서는 '그리고' 혹은 '그러나' 뒤에 일부러 쉼표를 넣기도 하여 위 문장에서도 무심코 문장 앞에 둔 접속사 뒤에 ', (쉼표)'를 넣기도 합니다.

그러나 영어에서는 쉼표를 넣으면 문장의 의미가 끊기므로 접속사 뒤에 쉼표를 붙이지 않는 것이 원칙입니다. 위의 예시처럼 쉼표를 넣지 않고 절을 쭉 이어서 쓰는 것이 올바른 접속사 용법입니다.

단, 예외적으로 **however**(그러나)와 **therefore**(그러므로)가 있습니다.

However, this will not be right.

(그러나, 이것은 옳지 않습니다.)

Therefore, this is right.

(그러므로, 이것은 옳습니다.)

왜 이 두 개에 쉼표를 넣는가 하면, **however와 therefore가 부사로부터 생겨난 단어이**기 때문입니다. 의미는 접속사에 가깝지만, 어디까지나 예외라고만 알아둡시다.

제1장
영어의 기본 구조

제2장
시제

제3장
파생사에서 문법

제4장
조합하여 만들어진 문법

제5장
영문법 틀리기 쉬운

s ⊃v▸ 접속사는 앞에 둘까? 아니면 뒤에 둘까?

접속사를 사용할 때 '접속사를 문장 앞에 두느냐, 문장 중간에 넣느냐?' 하는 문제로 고민하게 됩니다. 다음과 같은 경우 어느 쪽이 옳을까요?

만약 네가 원한다면, 이 책을 줄게.

① If **you want**, I will give you this book.

② I will give you this book(,) if **you want**.

결론부터 말하면 문장 앞이든 문장 중간이든 상관없습니다. 그럼 어떻게 구분하는가 하면, 영어의 숨은 뉘앙스에 따라 사용합니다. 즉 '강조하고 싶은 쪽을 앞에 둔다.'

①에서는 '네가 원한다면' 하고 상대방의 희망을 묻는 뉘앙스를 강하게 내비칩니다. 한편 ②에서는 '이 책을 줄게' 하고 '주고 싶다'는 자신의 의지가 강조된 뉘앙스를 담고 있습니다.

s ⊃v▸ 접속사로 문장을 이을 때의 '쉼표' 용법

접속사를 사용할 때 '쉼표를 어디에 둘 것인가?' 하는 문제도 있습니다.

제가 집에 돌아왔을 때 어머니는 주무시고 계셨습니다.

① When I came home, my mother was sleeping.

② My mother was sleeping (,) when I came home.

사실 ②에서는 '붙여도 되고 안 붙여도 된다'가 정답입니다.

①의 경우 쉼표로 구분하면 문장이 어떻게 연결되는지 한눈에 보이므로 보통 쉼표를 붙입니다.

②에서는 when이 있어 문장이 어디서 나누어지는지 명확히 보이므로 쉼표를 붙이는 사람이 있는 한편, 생략하는 사람도 많습니다.

⚠ **s ⊃v** 틀리기 쉬운 접속사 : '~의 사이' 용법

'~의 사이'로 의미가 같은 while과 during의 구분법은 접속사 관련 문제로 자주 나옵니다.

저는 서울에 머무르던 중에 인사동에 갔습니다.

I went to Insadong while I stayed in Seoul.
〈접〉〈주〉〈술〉

I went to Insadong during my stay in Seoul.
〈전〉　〈명〉

여기서 **during은 전치사**이고, **while은 접속사**라는 차이가 있어서 헷갈립니다.

앞에서 설명했듯이 **접속사 뒤에는 반드시 절(주어와 서술어의 세트)**이 오는 것이 원칙입니다. 따라서 while 뒤에는 I stayed in Seoul과 같이 절이 이어집니다.

한편 during은 접속사가 아니라 전치사라는 점에 주의합시다. 전치사는 '명사 앞에 두는 말'이므로 my stay(나의 체류)처럼 명사를 가져오는 것이 정답입니다.

영어 원어민이 아닌 사람 중에는 'while my stay'와 혼동해서 사용하는 사람이 많은 듯합니다. 저도 통역 일을 하며 몇 번 접한 적이 있습니다. 실제로는 while my stay라고 해도 의미는 통하지만, 원어민에게는 어색한 표현이므로 주의해야 합니다.

형용사는 '명사'를 설명하는 말

제3장
파동 생사 된에서 문법

제4장
조합 만하 들여 어진 문법

제5장
영문법 들리기 쉬운

s ⊃v 의외로 모르는 '형용'의 정의

형용사는 한국어에서도 친숙한 문법 용어입니다. 다만 새삼스럽게 '형용하다'가 무슨 뜻이냐는 질문을 받았을 때 명확하게 대답할 수 있는 사람은 의외로 얼마 되지 않습니다.

그러니 먼저 '형용하다'가 본래 무엇인가부터 설명하고 넘어가겠습니다.

먼저 '꽃'이라는 말이 있다고 합시다. 단순히 '꽃'이라고만 해서는 듣는 사람에게 '어떤 꽃인가'라는 정보가 전달되지 않습니다. 이때 '아름답다'라는 형용사를 붙여서 '아름다운 꽃'이라고 표현합니다. 그러면 듣는 사람에게는 '못생긴 꽃이 아니라 아름다운 꽃이구나!' 하고 더욱 자세한 정보가 전달됩니다.

아름답다 → 꽃

이처럼 이해하기 쉬운 의미로 '형용'을 정의하자면 **'자세히 설명하는 것'**이라고 할 수 있습니다.

즉 **'형용 → 설명'**이라고 바꾸어 말할 수 있겠습니다.

s ⊃v '형용사'가 설명하는 것은 명사

그럼 형용사는 무엇을 설명하는 말일까요?

다음 예시를 보며 생각해봅시다.

a cute and lovely cat (귀엽고 사랑스러운 고양이)

cute와 lovely가 각각 cat(고양이)의 모습을 설명하고 있습니다.

즉 **형용사는 '명사'를 설명하는 말**이라고 할 수 있습니다.

s ɔv▶ '형용사'는 왜 be 동사와 함께 사용할까?

그럼 조금 더 깊이 파고들어 다음 수수께끼에 대해 생각해봅시다.

'왜 형용사는 be 동사와 함께 사용할까?'

결정적인 학설은 없지만, 개인적으로는 **'시제를 보충하기 위해서'**라는 설이 유력하다고 생각합니다. 예를 들어 'He a brave man(그, 용감한 남자)'과 같이 be 동사가 빠진 경우를 생각해봅시다. 확실히 이 문장만으로도 의미는 전달됩니다. 다만 결정적인 '시제'라는 개념이 빠져 있어 듣는 사람은 다음과 같이 판단하기 어려워집니다.

	be 동사		
	(will be)		그는 용감한 남자가 될 것입니다.
He	(is)	a brave man.	그는 용감한 남자입니다.
	(was)		그는 용감한 남자였습니다.

즉 정적인 동작을 나타내는 be 동사를 사용함으로써 '그 = 용감하다'라는 의미를 바꾸지 않고 시제를 정할 수 있습니다.

부사는 '동사'를 설명하는 말

s ↄv• 애초에 '부사'란 무엇일까?

형용사를 살펴보았으니 다음은 부사에 대해서 알아봅시다.

형용사와 부사는 전혀 다른 것이지만 용법이 비슷하므로 둘을 비교하면서 배우면 이해가 더욱 쉬울 것입니다. '부사란 애초에 무엇일까?' 먼저 이에 대해서 살펴보도록 하겠습니다. 다음 예문을 봅시다.

He plays the guitar well. (그는 기타를 잘 칩니다.)

여기서는 well(잘)이 부사입니다. 'plays the guitar(기타를 치다)'를 설명하고 있습니다. **즉 부사는 동사를 설명하는 말**입니다.

형용사와 혼동하기 쉬운데 **'형용사는 명사, 부사는 동사'를 설명하는 말**이라는 데 차이가 있습니다.

s ↄv• '부사'의 유래

형용사는 '형용(설명)하는 말'이라는 의미로 어느 정도 이름의 유래를 짐작할 수 있습니다. 그런데 부사는 왜 부사라는 이름이 붙었는지 조금 이해하기 어려울 수 있습니다.

'부사'라는 말은 영어로 'adverb'라고 합니다. 분해하면 ad와 verb(동사)로 나눌 수 있습니다. ad는 add(더하다)에서 유래되었으므로 'adverb'를 직역하면 **'동사에 곁들이는 것'**이 됩니다. **'부사(副詞)'라는 이름은 한자 그대로의 의미였던 것**입니다.

s ⊃v ‘부사’와 ‘형용사’ 구분법

앞 문장에서 'plays well(잘 친다)'이라는 표현이 나왔는데, 'well과 good의 차이를 모르겠다'는 소리를 많이 듣습니다. 다음과 같이 well은 부사이므로 동사를 설명하고, good은 형용사이므로 명사를 설명한다는 데 차이가 있습니다.

【부　사】He **plays** the guitar well. (그는 기타를 잘 **칩니다**.)
【형용사】He is a good **guitarist**. (그는 좋은 **기타리스트**입니다.)

특히 'fast(빠르다, 빨리)'가 헷갈릴 수 있는데, 사실 **형용사로도 부사로도 사용할 수 있는 단어**입니다.

【부　사】He **runs** fast. (그는 빨리 **달립니다**.)
【형용사】He is a fast **runner**. (그는 빠른 **주자**입니다.)

둘 다 형태가 변하지 않아 구분하기 힘든데, 여기서도 '무엇을 설명하고 있는가?'가 열쇠가 됩니다. **형용사는 명사, 부사는 동사에 관계되는 데** 유의하면 구분할 수 있습니다.

well이나 fast와 같은 예도 있으므로 모두에 해당하지는 않지만, 다음과 같이 **'형용사 + ly' 형태로 만들면 부사가 되는 예**도 있습니다.

【형용사】This light is **bright**. (이 조명은 밝습니다.)
【부　사】This light shines **bright**ly. (이 조명은 밝게 빛납니다.)

제1장
영어의 기본 구조

제2장
시제

제3장
파생된 동사에서 문법

제4장
조합어하여진 문법

제5장
영문법 틀리기 쉬운

s ↷v ‘here, there, home, abroad’에 전치사가 붙지 않는 이유

부사와 관련해 ‘here, there, home, abroad에는 왜 전치사가 붙지 않을까?’ 그런 의문이 들 수도 있습니다. 어떻게 된 일인지 예문과 함께 살펴보도록 합시다.

① Come [to] here at once. (바로 여기로 오세요.)
　　　　~로

② I hid myself [in] there. (거기에 숨었습니다.)
　　　　　~에

③ Do you go [to] home after this? (이 뒤에 집으로 돌아가나요?)
　　　　　~로

④ He wants to study [in] abroad. (그는 외국에서 공부하고 싶어 합니다.)
　　　　　　~에서

①~④는 입시 문제에서 ‘전치사가 필요 없는 예’로 자주 출제됩니다(예외적인 용법은 제외한다). 한편, 학교 수업에서는 ‘원래 그런 것’이라고 가르칠 뿐 그 이유에 대해서 설명해주는 경우는 별로 없는 것 같습니다.

왜 전치사가 필요 없는가 하면 **here, there, home, abroad**는 부사이기 때문입니다. 특히 here와 there, home 등은 이미 친숙한 단어라 사전을 찾아서 확인하는 사람도 적을 텐데, 사전에도 분명히 부사로 나와 있습니다.

네 개의 단어를 정리해봅시다.

① come here (여기로) 오다

② hid there (거기에) 숨었다

③ go home (집으로) 가다

④ study abroad (외국에서) 공부하다

이처럼 here, there, home, abroad는 각각 **동사를 설명하는 말(→ 부사)**이며, 전치사 to나 in이 의미하는 '~에', '~로' 등이 필요하지 않습니다.

here, there, home, abroad는 왠지 모르게 '장소를 가리키는 명사'라는 생각에 '왜 전치사가 붙지 않을까?' 하고 의문을 갖게 되는데, 이는 모두 **부사이므로 전치사가 없는 것이 당연하다**고 할 수 있습니다.

s ɔv▸ '전치사'는 명사를 부사화하는 말이었다!

반대로 생각해보면 전치사가 달리 보일 것입니다.

다음 문장을 함께 살펴봅시다.

> I went to Seoul. (저는 서울에 갔습니다.)
>
>   ~에

here(여기에)나 there(거기에) 등의 부사와 달리 Seoul(서울)은 명사이므로 to(~에)가 없으면 동사와 제대로 연결되지 않습니다. 그래서 to(~에)를 붙여 'to Seoul'이라고 함으로써 '서울에 → 갔습니다' 하고 '동사를 설명하는 말'이 되었습니다.

즉 명사에 전치사를 붙이는 것은 **명사를 부사화한다**고도 할 수 있습니다.

제 2 장

시제

시제는 세 블록으로 나누어 이해한다

제2장에서는 시간 감각인 '시제'에 대해 알아볼 것입니다.

'시제'는 '점시제'와 '선시제'로 나누어 배우는 것이 중요합니다. 시제를 어려워하는 사람은 '한국어와 공통되는 점시제'와 '한국어에 존재하지 않는 선시제'를 섞어서 외우려고 하다가 혼란스러워지는 경우가 많은 듯합니다. 사실 시제야말로 '배우는 순서'가 굉장히 중요합니다. 순서를 틀리면 거기서 끝장입니다.

우선 '한국어와 공통되는 점시제'는 '현재형' → '진행형' → '과거형' → '미래형'으로, 일상에서 사용하는 빈도가 높은 문법부터 차례로 배우는 것이 핵심입니다.

그러고 나서 '한국어에 존재하지 않는 선시제'를 배우도록 합니다. 학교에서는 '공식 암기' 방식으로 가르칠 뿐이어서 원어민이 감지하는 '시간 감각'을 이해하는 작업이 빠져 있습니다. '선시제'를 배울 때는 먼저 원어민이 느끼는 '시간 감각'을 제대로 이해해야 합니다.

'시간 감각'을 이해하려면 점시제와 마찬가지로 일상에서 사용하는 빈도가 높은 순서대로 '현재완료형' → '과거완료형' → '미래완료형' → '완료진행형' 순서로 배우면 우리 생활에서 일어나는 일들과 쉽게 연결되어 배우기가 더욱 쉬워집니다.

마지막은 '신의 시간'입니다.

영어에는 '신의 시간'이라는 특별한 시간대가 존재합니다. 이 시간대는 역사나 종교관을 바탕으로 해석해야 합니다. 이를 해석할 줄 알면 고등학교 시절에 '최대 난관'으로 악명 자자하던 '가정법'과 '존댓말', '조건부사절'이 신기할 정도로 순식간에 이해됩니다.

제1장
영어의
기본 구조

제2장
시
제

제3장
동사에서
파생된
문법

제4장
조합하여
만들어진
문법

제5장
영문법
틀리기
쉬운

그림 2-1 　제2장 [시제]의 흐름도

한국어와 공통되는 시제 문법 (점시제)

12 현재형

13 진행형

14 과거형

15 미래형

한국어에 존재하지 않는 시제 문법 (선시제)

16 현재완료형

17 과거완료형

18 미래완료형

19 완료진행형

종교적 가치관으로부터 태어난 시제 문법 (신의 시간)

20 가정법

'가정법'과 같은 관점에서 만들어진 문법

21 존댓말

'가정법의 일종'으로 보는 문법

22 조건부사절

한국인에게 영어의 '시제'가 어려운 것은 당연하다!

 영어에는 '시제가 많아서' 어렵다

시제란 '언제 일어난 이야기를 하는가?' 하는 시간대를 말합니다. 오른쪽 그림과 같이 영어에는 열다섯 종류의 시제가 있습니다.

즉 영어에서는 열다섯 개의 시간대를 의식해 대화가 이루어지고 있다는 뜻입니다.

한편, 한국어에는 시제가 단 세 종류밖에 없습니다. 따라서 **한국인이 영어 문장을 만들 때는 한국어의 다섯 배나 되는 시제를 의식하지 않으면 안 된다**는 말입니다.

흔히 영어 시험을 보면 '시제 관련 문제가 어렵다'고들 하는데, 당연한 일인지도 모릅니다.

 '점시제'와 '선시제'

영어의 시제는 '만약 ~이라면'이라는 가정의 이야기를 하는 '가정법(신의 시간)'과 통상적인 문장인 '직설법(인간의 시간대)'의 두 가지로 나눌 수 있습니다. 직설법이란 가정법 이외의 통상적인 문장의 시제를 다루는 문법으로, 어느 한 점의 시간대를 기점으로 하는 점시제와 일정 기간의 시간대를 기점으로 하는 선시제라는 두 종류로 나뉩니다.

점시제와 선시제의 큰 차이점은 **선시제에서는 중학교에서 배우는 '완료형'을 사용하고, 점시제에서는 '완료형'을 사용하지 않는다**는 점입니다.

점시제와 선시제는 각각 진행형을 사용하는 경우와 사용하지 않는 경우, 두 가지로 나뉩니다.

그림 2-2 영어의 시제 지도

제1장
영어의
기본 구조

제2장
시제

제3장
동사에서
파생된
문법

제4장
조합하여
만들어진
문법

제5장
틀리기
쉬운
영문법

시제
(인간의 세계)

직설법
(현실)

점시제

단순 시제	진행형
❶ 과거형	❹ 과거진행형
❷ 현재형	❺ 현재진행형
❸ 미래형	❻ 미래진행형

선시제

완료형	완료진행형
❼ 과거완료형	❿ 과거완료진행형
❽ 현재완료형	⓫ 현재완료진행형
❾ 미래완료형	⓬ 미래완료진행형

(신의 세계)
가정법
(비현실, 소망, 겸양)

가정법

⓭ 가정법 현재
⓮ 가정법 과거
⓯ 가정법 과거완료

영어의 시제는 한국어에 없는 것들뿐

 ## 한국어에 '선시제'는 존재하지 않는다

앞서 이야기한 대로 시제가 열다섯 종류나 있는 영어에 비해 **한국어의 시제는 단 세 종류**밖에 없습니다. 앞에서 소개한 시제 지도에서 짚어보면, 한국어에 존재하는 시제는 다음과 같은 세 가지입니다.

① 과거형

② 현재형

③ 미래형

보다시피 선시제는 하나도 없습니다. 한국어는 점시제만으로 대화가 이루어지고 있다는 의미입니다. 즉 우리가 영어를 말할 때는 **한국어에 없는 여러 시제를 다루어야 하므로 영어가 어렵게 느껴지는 것**입니다.

 ## '시제'는 감각적으로 익히는 것

영어의 시제가 어렵다고 느끼는 데는 한 가지 이유가 더 있습니다. 바로 **시제가 감각적으로 파악하는 것**이기 때문입니다.

② 현재형은 물론이고, ① 과거형, ③ 미래형 등의 시제는 학교 영어 수업에서 비교적 초반에 등장합니다. 이러한 점시제는 한국어의 개념에도 존재하므로 우리의 감각과 일치하기 때

문입니다.

우리 머릿속에는 '지금 요 언저리 시간대를 가리키고 있구나' 하고 시제를 감지하는 센서가 있습니다. 시제라는 개념은 이처럼 이론보다 머릿속의 센서로 감지하고 사용해야 하므로 '감각 문법'(143쪽 참조) 카테고리에 들어갑니다.

즉 완료형 등 한국어에 없는 시제는 우리가 '감각적으로 이해할 수 없는 시제'이기에 능숙하게 구사하기가 매우 어렵습니다.

완료형과 미래형 등 문법 공식은 외웠지만 좀처럼 올바르게 사용할 수 없는 사람이 많은 이유는 한국어와 영어 사이에 '시제 감각의 차이'라는 함정이 있기 때문입니다.

 ## 시제 감각을 익히려면

그럼 어떻게 하면 '영어 원어민의 시제 감각'을 익힐 수 있을까요?

예를 들어 완료형은 일반적으로 중학교 3학년 초에 배우는 문법인데, 'have + 과거분사 = 완료형(~ 하기가 끝났다)'으로 공식과 번역문을 통째로 암기하기만 해서는 시제 감각을 좀처럼 잡을 수 없습니다.

완료형이라는 시제의 개념을 이해하려면 '각각의 시제가 어느 시간대를 가리키고 있는가' 하는 감각을 익혀야 합니다. 그러기 위해서는 시제를 감각적으로 파악할 수 있을 때까지 하나씩 확실하게 짚고 넘어가야 합니다.

'현재형'은 '현재 시간' 이외에도 사용한다

 '확실한 미래'를 나타내는 현재형

시제의 기본인 **현재형**부터 살펴봅시다.

현재형이라고 하면 아무래도 '현재의 시간'만을 나타내는 표현이라고 생각하기 쉽지만, 사실은 **'현재 시간 이외'**의 시간도 나타냅니다.

현재형은 모두 네 가지를 표현합니다. 차례대로 소개하도록 하겠습니다.

(i) 확실한 미래

① She comes here! (그녀는 여기에 [반드시] 올 거야!)

② I pass the exam! (나는 그 시험에 [절대] 합격할 것이다!)

먼저 가장 많이 사용되는 것은 **'확실한 미래'**를 표현할 때입니다. 보통 미래는 will이나 be going to ~ 를 사용하는데, **'(적어도 자신은) 반드시 일어난다'고 믿을 때 현재형을 사용합니다.**

명령형을 설명할 때도 말했듯이 원래 인간은 현재형만을 사용했다고 합니다. '배고프니까 사냥감 가지러 가자'나 '졸리니 눕자' 등 지금 든 생각이 다음 행동의 원동력이 되었습니다. 그렇기에 현재형은 아득한 옛날부터 행동에 직결되는 강한 감각을 지니고 있는 것입니다.

이처럼 감각이 강하게 남은 표현이 '그녀는 꼭 온다'라든가 '시험에 꼭 합격한다'라는 강한 뉘앙스를 담게 되고, 듣는 사람이나 자신에게 '그러니까 이를 믿어'라든가 '그래서 공부한다'

등과 같이 다음 행동을 촉구합니다.

②의 'I pass the exam!'에서는 'I will pass the exam. (저는 시험에 합격할 것입니다.)' 처럼 will을 사용해 의지를 나타낸 표현보다도 더욱 강한 의지가 느껴집니다.

 ## '현재를 포함한 행동'을 나타내는 현재형

(ii) 현재 상태(→ 현재를 포함한 행동)

① He lives in New York. (그는 뉴욕에 살고 있습니다.)

② I play the guitar. (저는 기타를 칩니다.)

①에서는 '과거부터 현재까지 살고 있고, 미래에도 같은 상태가 지속된다'와 같이 세 가지 시제가 동시에 성립됩니다. 이런 경우에는 현재형으로 대표해 표현합니다.

②에는 예를 들어 몇 년 전에 기타를 배웠고, 현재도 치고 있고, 미래에도 변하지 않을 것이라는 세 가지 시제가 포함되어 있습니다.

이런 용법을 문법 용어로 '현재 상태'라고 부르는데, '현재를 포함한 행동'에 대한 표현이라고 생각하는 편이 어떤 뉘앙스를 담고 있는지 더 쉽게 감을 잡을 수 있을 것입니다.

 ## '흔히 일어나는 일'을 나타내는 현재형

(iii) 반복 동작(자주 일어나는 일)

① I get up at 7 every morning. (저는 매일 아침 7시에 일어납니다.)

② The train arrives at the station at 9:30.
   (그 기차는 9시 30분에 역에 도착합니다.)

다음 용법은 '반복 동작'이라는 것입니다. 이는 '과거부터 현재까지 계속해서 같은 일이 반복되고, 미래에도 계속될 것'이라는 뉘앙스로 현재형을 사용하는 경우입니다.

①에는 '나'라는 사람이 예전부터 지금까지 아침 7시에 일어났고, 앞으로도 그러리라 생각한다는 뉘앙스가 담겨 있습니다.

②도 마찬가지로 기차는 기본적으로 같은 시각에 역에 도착한다고 표현한 문장입니다.

이처럼 반복 동작 용법은 '현재 상태'와 마찬가지로 과거, 현재, 미래의 세 가지 시제를 동시에 표현합니다. 따라서 세 시제의 중간에 해당하는 현재형을 대표로 사용합니다.

'불변의 진리'를 표현하는 현재형

(iv) 불변의 진리

① The earth **goes** around the sun. (지구는 태양 주위를 돌고 있습니다.)

② Water **boils** at 100℃. (물은 100도에서 끓습니다.)

마지막은 '불변의 진리'에 관한 용법입니다. 인간의 의지가 일절 미치지 않는 자연 세계의 법칙을 나타낼 때 현재형을 사용합니다.

① '지구는 태양 주위를 돌고 있습니다.'라든가 ② '물은 100도에서 끓습니다.' 등은 지구상에서 항상 변함없이 영원히 계속되는 사실입니다. 과거, 현재, 미래에 걸쳐서 계속 이어지는 일이므로 이 역시 중간 시제인 현재형을 사용해 표현합니다.

이상으로 현재형의 용법 네 가지를 살펴보았습니다.

'현재'이니 '지금 일'을 나타낸다고 대충 생각할 것이 아니라 이유와 함께 분류하고 이해함으로써 원어민의 감각을 파악할 수 있게 됩니다.

제1장
영어의 기본구조

제2장
시제

제3장
동사에서 파생된 문법

제4장
조합하여 만들어진 문법

제5장
영문법 틀리기 쉬운

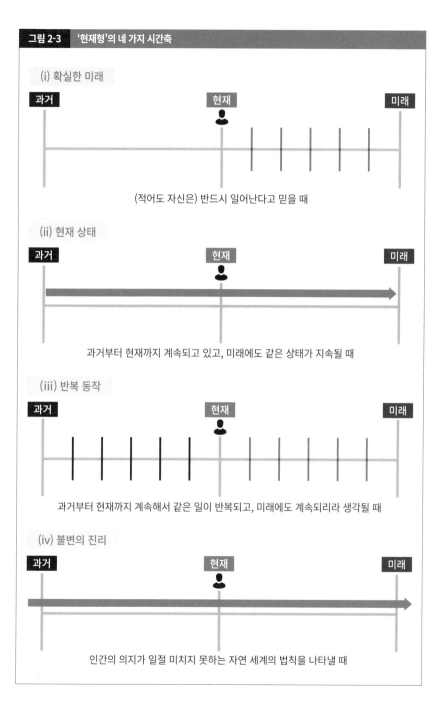

그림 2-3 '현재형'의 네 가지 시간축

(i) 확실한 미래

과거　　　　　　　　현재　　　　　　　　미래

(적어도 자신은) 반드시 일어난다고 믿을 때

(ii) 현재 상태

과거　　　　　　　　현재　　　　　　　　미래

과거부터 현재까지 계속되고 있고, 미래에도 같은 상태가 지속될 때

(iii) 반복 동작

과거　　　　　　　　현재　　　　　　　　미래

과거부터 현재까지 계속해서 같은 일이 반복되고, 미래에도 계속되리라 생각될 때

(iv) 불변의 진리

과거　　　　　　　　현재　　　　　　　　미래

인간의 의지가 일절 미치지 못하는 자연 세계의 법칙을 나타낼 때

사실 '진행형'은 '순간'을 나타내는 표현이다!

 기본은 'be 동사 + 동사의 ing형'

진행형 '~ 하고 있다'는 중학교 1학년 때 등장하는 문법입니다.

(i) 현재진행형 '~ 하고 있다'

She is watching TV now. (그녀는 지금 TV를 보고 있습니다.)

(ii) 과거진행형 '~ 하고 있었다'

He was working at that store. (그는 그 가게에서 일하고 있었습니다.)

(iii) 미래진행형 '~ 하고 있을 것이다'

I will be swimming at this time tomorrow in Hawaii.

(내일 이맘때쯤이면 저는 하와이에서 수영하고 있을 것입니다.)

시제 중에서는 비교적 이해하기 쉬운 용법이라고 할 수 있겠습니다.

학창 시절에 대부분 'be 동사 + 동사의 ing형' 공식을 배웠을 것입니다. 과거진행형과 미래진행형은 be 동사를 각각 과거형, 미래형으로 바꾸기만 하면 됩니다.

진행형 문장을 만드는 방법 자체는 그렇게 어렵지 않습니다. 다만 **'왜 be 동사를 사용하고, 동사에 ing를 붙일까?'**라는 의문만큼은 해결되지 않습니다.

'그 순간'에 무엇을 하고 있었는가

제1장
기본 영어의 구조

제2장
시
제

제3장
파생된 동사에서 문법

제4장
조합하여 만들어진 문법

제5장
틀리기 쉬운 영문법

이 수수께끼를 풀기 위해 먼저 '진행형 감각'에 대해서 복습해봅시다.

다시 한번 말하지만, 시제란 감각적으로 인식해야 하는 개념입니다. 이때 '진행형의 감각'은 한국인과 원어민 사이에 미묘하게 다른 경우가 많습니다.

진행형은 '~ 하고 있다'를 나타내므로 일정한 길이의 기간이 필요하다고 생각하는 사람들이 많습니다. 그런데 원어민들이 사용하는 **진행형은 '그 순간에 무엇을 하고 있는가'라는 점 하나만 오려낸 표현**입니다.

(i) 'She is watching TV now. (그녀는 지금 TV를 보고 있습니다.)'라는 표현에서는 말하는 사람이 본 바로 그 순간에 '그녀가 TV를 보고 있다'는 사실을 이야기하고 있습니다.

마찬가지로 (ii) '그는 그 가게에서 일하고 있었습니다.'도 말하는 사람이 가게에서 그를 본 순간에 '그가 일하고 있었다'는 사실을 표현하고 있습니다.

(iii)에서는 '내일 이맘때'라는 그 순간을 오려내어 '하와이에서 수영하고 있을 것입니다.'라고 이야기하고 있습니다. 이처럼 진행형으로 이야기할 때는 '그 순간의 행동'만 표현할 뿐이며, 그 행위가 어느 정도의 시간 동안 이루어지고 있는지는 주목하지 않습니다.

그래서 진행형은 '점시제' 그룹으로 분류됩니다.

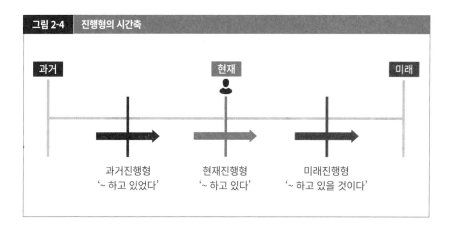

그림 2-4   진행형의 시간축

과거   현재   미래

과거진행형   현재진행형   미래진행형
'~ 하고 있었다'   '~ 하고 있다'   '~ 하고 있을 것이다'

진행형 시제의 개념을 정리해보았으니 앞서 이야기했던 '왜 be 동사를 사용하고, 동사에 ing를 붙이는가?'라는 의문에 대해 알아봅시다.

이에 대해 저 또한 학생 때 큰 의문을 남긴 채 졸업하게 되었는데, 대학에서 스페인어를 공부하면서 이 수수께끼를 푸는 열쇠를 얻게 되었습니다.

스페인어는 중세 시대의 영어인 중세 영어에 큰 영향을 준 라틴어의 후손입니다. 스페인어에도 진행형 표현이 있는데, 다음과 같은 형태로 표현합니다.

스페인어와 영어의 진행형 비교

'걷다'의 원형 'andar'

estar + ~ando/iendo → Estoy andando. 저는 걷고 있습니다.

(be)　　　(~ing)　　　→ I am walking.

스페인어에서는 estar(에스따르 동사)가 영어의 be 동사에 해당하며, 'estar + 동사의 ando형/iendo형'으로 진행형을 표현합니다. 즉 '진행형 = be 동사 + 동사의 ing형'이라는 개념 자체는 영어뿐만 아니라 라틴어계 언어에서 일반적으로 사용되는 형태입니다.

원래 고대 영어에서는 'be + ~ende' 혹은 'be + ~inde' 형태로 진행형을 표현했습니다. 당시 '~ing'의 형태는 이미 존재하고 있었으며, 동명사 '~ 하는 것'을 표현하는 형태로 진행형과 구분해 사용했었습니다.

고대 영어는 그 후 오랜 세월을 거치면서 점차 '~ende형'을 사용하지 않게 되었고 'be + ~inde'로 통일되었습니다.

시대가 더 지나면서 '~inde(인데)'와 '~ing(잉)'의 소리가 비슷해 하나로 통합되었고, '~in(인)'만 남아 'be walkin'처럼 사용하게 됩니다. 이윽고 '~in' 형태만으로는 소리가 약해서 'g'를 되돌려 '~ing'로 회귀해 현재 사용하는 진행형 'be 동사 + 동사의 ing형'으로 자리 잡게 되었습니다. 이것이 바로 '첫 번째 설'입니다.

 ## 'be 동사 + 동사의 ing형'이 된 이유 ②

고대 영어에서 중세 영어로 넘어오는 사이에 다른 진행형 표현 방법이 하나 더 있었습니다.
바로 다음과 같은 형태입니다.

⟨~ 하고 있다⟩ **be ＋ on ＋ ~ing**

~ 하는 도중 (~ 하는 것)

당시의 'ing형'은 처음에는 동명사(~ 하는 것)였습니다. 여기에 'on(~ 하는 도중)'을 붙여서 'be on ~ing(~ 하는 것의 도중)' 형태로도 사용되었습니다. 여기서 on은 현대 영어에서도 'on sale(세일 중)'처럼 사용되고 있습니다.

'be on ~ing'를 사용하는 과정에서 on이 생략되고 'be ＋ ~ing'로 바뀌었다는 것이 '두 번째 설'입니다.

'be on ~ing'라는 표현도 역사적으로 존재하며, 첫 번째 설과 두 번째 설 중 어느 쪽이 옳다는 통일된 견해는 아직 없습니다. 아마도 이러한 두 가지 개념이 섞이면서 현재의 형태로 자리 잡은 것은 아닐까 생각됩니다.

'과거형'의 두 가지 용법

 '과거의 어느 한 점'을 나타내는 용법

진행형 다음으로 과거형에 대해서 살펴보겠습니다. 과거형에도 여러 가지 수수께끼 같은 규칙이 존재합니다. 먼저 '시제'의 개념에 대해 알아보도록 합시다.

과거형을 막연하게 '예전의 일'로 배운 사람들이 많은데, '어느 과거의 일인가'라고 물으면 말문이 막히게 마련입니다.

영어의 과거형은 다음과 같은 두 가지를 가리킵니다.

(i) 과거의 어느 '한 점'에서 일어난 일

① He bought the car last week. (그는 지난주에 그 차를 샀습니다.)

② The big typhoon hit our town. (큰 태풍이 우리 마을을 덮쳤습니다.)

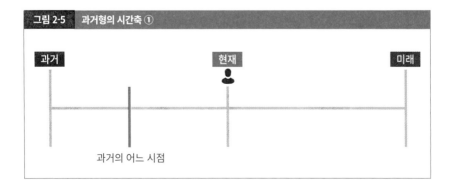

그림 2-5   과거형의 시간축 ①

과거의 어느 시점

①에서는 '지난주'라는 과거의 한 점(어느 시점)에 '차를 샀다'는 행위에 관해서 이야기하고 있습니다. 진행형에서는 더 좁은 범위의 '어느 순간'을 가리키는 데 비해, 여기서 말하는 '한 점'이란, 더 폭넓은 **과거의 어느 시점**을 가리킨다는 점에 주의합시다.

 ## '막연한 과거의 일정 기간'을 나타내는 용법

과거형을 사용해 **'막연한 과거의 일정 기간'**을 나타내는 용법도 있습니다.

'일정 기간이라고 하면 완료형과 같은 선시제가 아닌가?' 하는 의문이 들 수도 있습니다. 다만, 다음과 같이 **'시작'과 '끝'을 명확하게 표현하지 않을 때 과거형을 사용합니다.**

(ii) 막연한 과거의 일정 기간

① She lived in Spain. (그녀는 스페인에 살았었습니다.)

② My son wanted the game. (제 아들은 그 게임을 원했었습니다.)

①에서는 '그녀가 과거에 스페인에 살았다'라는 사실을 말하고 있을 뿐, '언제부터 언제까지의 기간'이라는 정보는 빠져 있습니다.

① 문장을 들은 사람은 이어서 "언제까지 살았어?"라고 되물을 수도 있고, 말하는 사람도 "모르겠어."라고 대답할지도 모릅니다. ②에 관해서도 마찬가지로 '예전에 아들이 그 게임을 원했었다'는 정보밖에 없어 '현재도 갖고 싶어 하는지'는 불분명합니다. 이때도 듣는 사람이

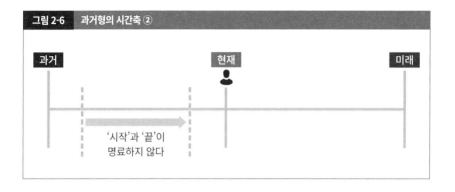

그림 2-6 과거형의 시간축 ②

과거　　　　　　　　　　현재　　　　　　　　　　미래

'시작'과 '끝'이
명료하지 않다

"지금도 갖고 싶어 해?"라고 질문할 수 있습니다.

①과 ② 모두 '어느 일정 기간 그 행동을 취하고 있었다'는 의미이므로, 점이 아닌 선과 같은 시간축이라는 인상을 받습니다. 그러나 영어에서는 끝나는 점인 '언제까지'가 애매한 경우 일정 기간으로 간주하지 않습니다.

'언제까지의 기간인가'라는 정보가 없으므로 선시제 완료형이 아닌 점시제 과거형을 사용했습니다.

현재형은 '확실하지 않은 시제의 중간'으로 쓰이는데, 과거형도 마찬가지로 생각할 수 있습니다. 즉 ①과 ②에서는 **'확실하지 않은 시제 중에서 가장 확실한 기점이 과거형'이므로 과거형을 사용**한 셈입니다.

한국어든 영어든 시제는 어느 정도 직감적으로 파악해야 합니다. 영어의 시제 표현을 제대로 통달하고 싶은 사람은 대화할 때마다 이번 장을 펼치고 '어느 시제에 해당할까?' 하고 확인해보기를 바랍니다.

'ed 계열'과 '불규칙 변화', 두 형태가 존재하는 이유

과거형을 마무리하며 과거형 동사에 얽힌 큰 수수께끼인 '왜 과거형은 ed 계열과 불규칙 변화라는 두 가지 형태가 존재하는가?'에 대해서 설명하겠습니다.

영어 동사는 'wanted(want의 과거형)' 등과 같이 동사의 끝에 ed를 붙이기만 하면 되는 '규칙 동사'와 'ate(eat의 과거형)'처럼 단어 자체가 바뀌는 '불규칙 동사'의 두 가지로 나눌 수 있습니다.

규칙 동사

want → want**ed**   like → lik**ed**   walk → walk**ed** 등

제1장
영어의 기본 구조

제2장
시제

제3장
파생된 문법
동사에서

제4장
조합하여 만들어진 문법

제5장
영은법
틀리기 쉬운

불규칙 동사

eat → ate   break → broke   come → came 등

여기에는 정해진 법칙성이 없어서 영어 학습자들의 골치를 썩입니다.

사실 고대 영어부터 중세 영어에 이르는 시대까지 모든 단어는 '불규칙 동사'였습니다. 즉 당시의 영어에는 '~ed' 형태가 존재하지 않았고, 모든 단어마다 'eat → ate'와 같이 개별적인 과거형이 존재했던 것입니다.

그런데 전쟁 등을 거치면서 이민자가 늘고 다양한 민족이 영어를 사용하게 되자 그동안 여러 차례 소개한 영어 특유의 **'간략화'**가 진행됩니다. 사투리처럼 지역마다 독자적으로 단어가 불규칙하게 변하는 등 점점 복잡해졌기 때문에 역사적으로 불규칙한 과거형이 여러 개 있는 단어는 모두 '~ed'로 통일하기로 한 것입니다.

이러한 움직임은 어떤 특정 기간에 시작된 것이 아니라 단어마다 각각 천천히 진행되다가 오랜 세월이 지나면서 '~ed' 동사가 늘어났습니다. 예를 들어 영국 영어에서는 지금도 'learn(배우다)'의 과거형으로 'learnt'를 사용하기도 합니다. 그러나 미국 영어가 주류가 된 현재는 별로 볼 일이 없어졌습니다. 이처럼 '~ed'로 변화한 것은 현대 영어에서도 진행되고 있는 '간략화'의 한 예라고 할 수 있습니다.

'미래형'은 다섯 가지로 나누어 익힌다

 will의 의미는 '미래'뿐만이 아니다!

과거형의 다음 차례는 미래형입니다. 미래형은 한국어와 영어에서 공통되는 개념이지만, 실은 두 언어의 미래형에는 큰 차이가 있습니다. 이 차이를 이해하려면 두 언어의 문화적 배경에 착안해 살펴보아야 합니다.

한국어는 과거로 관심을 돌리는 문화를 기반으로 합니다. 고전 문학 등을 비롯한 한국 문화는 과거의 일을 이야기하거나 과거의 인물이나 사건에 대해 회상함으로써 발전해온 측면이 있습니다.

반면 영어의 역사는 지금까지 이야기해온 것처럼 전쟁에 의해 형성된 측면이 있습니다. 그 영향으로 과거를 되돌아보지 않고 사람들의 미래에 관해 이야기하는 것을 중심으로 소설과 언론이 발달해왔습니다. 성경만 봐도 '이렇게 하면 이처럼 행복해질 수 있다'는 식으로 관심을 미래로 돌리는 내용이 많은 경향을 보입니다.

일반적으로 기독교 국가 대부분에서 미래로 관심을 돌리는 문화성이 발달했다고 알려져 있습니다. **영어라는 언어에도 미래를 향한 감성이 있다**고 보는 견해도 있습니다. 그 일면을 한국어와 영어에서의 '미래형의 차이'에서 엿볼 수 있습니다.

한국어에서 미래형은 '~ 일 것이다', '~ 할 것이다'의 두 가지뿐이지만, **영어에서 미래형은 크게 나누어 다섯 종류**나 됩니다.

이 책에서는 각 미래형을 하나씩 살펴보겠습니다.

제1장
영어의
기본·구조

제2장
시
제

제3장
파
생
된
동
사
문
법

제4장
조
립
하
여
만
들
어
진·문
법

제5장
영
문
법
틀
리
기
쉬
운

 (i) will … '의지 미래'와 '단순 미래'

첫 번째로 조동사 'will'을 사용한 미래형 용법부터 알아봅시다.

will은 게르만어에서 유래한 단어입니다. 조동사로서의 용법은 뒤에 설명하기로 하고, 여기서는 미래형으로서 will이 어떤 뉘앙스를 갖는지를 중심으로 살펴봅시다.

① 〈의지 미래〉 … '자신의 의지'로 정한 미래

A : How about going to see a movie? (영화를 보러 가는 것은 어때?)
B : OK. I will go with you. (그래. 너랑 갈게.)

will은 사전에서 찾아보면 조동사 '~ 할 생각이다'라고 번역되어 있는데, 조금 더 자세히 읽어보면 '의지'라고도 쓰여 있습니다.

① 용법은 will 본래의 용법으로, '자신의 의지'로 결정한 미래라는 뉘앙스를 담고 있습니다. '영화 보러 갈래?'라는 권유에 '그래, 갈게.' 하고 자신의 의지로 결정한 일에 대해서 사용했습니다.

② 〈단순 미래〉 … 단순한 미래

He will come here. (그는 여기에 올 것입니다.)

① 용법보다 '의지' 뉘앙스가 옅어져 **단순한 미래**로 쓰이게 된, 비교적 새로운 유형의 용법입니다.

원래 will은 ①에서처럼 '의지 미래'를 나타내는 뉘앙스를 담는 용법이 주를 이루고, '단순한 미래'를 가리키는 will은 역사적으로 그다지 사용되지 않았던 표현입니다. 19세기경부터 적극적으로 사용되기 시작했으므로 역사가 짧은 용법이라고 할 수 있습니다.

(ii) be going to … '예전부터 정해져 있던 미래'와 '다른 사람이 정한 미래'

미래형 하면 대부분 'will 또는 be going to'라고 암기했을 것입니다.

그만큼 지명도가 있지만 막상 'will과 be going to의 차이점은 무엇인가?'라고 물으면 사람들 대부분은 '거의 같은 의미'라고 대답합니다. 원어민 중에서도 '거의 같다'고 대답하는 사람이 많은데, 비즈니스 현장에서 통역 일을 하는 사람 입장에서 보면 이 역시 명확하게 선을 그어 두 가지 용법을 구분해서 사용해야 합니다.

① 예전부터 정해져 있던 미래

I am going to visit Hawaii this summer.

(올해 여름에는 하와이에 갈 예정입니다.)

② 다른 사람이 정한 미래

We are going to have an exam next week. (다음 주에 시험이 있습니다.)

①과 ②는 엄밀하게 따지면 개념이 다르다는 의견도 있지만, 이해하기 쉬운지를 기준으로 하여 제가 분석한 용법입니다.

①은 '예정으로 정해져 있던 계획'을 이야기하는 뉘앙스를 담고 있습니다.

앞에서 부정문과 의문문을 설명할 때, 예전에 동사는 그 자체가 '~ 하는 것'이라는 명사였으며, 'do + 동사' 형태로 사용되었다고 이야기했습니다.

즉 'be going to + 동사' 형태는 **'be going(도중이다)'과 '동사(~ 하는 것)' 사이에 '~으로'를 뜻하는 전치사 to를 둔 형태입니다. 따라서 'be going to ~'는 '~ 하는 것으로 향하고 있다(이미 향하고 있다)'라는 숨은 뉘앙스**가 담긴 표현입니다.

여기서 사용된 진행형(be going to)에서도 '지금 이 순간 ~ 하는 것으로 향하고 있다'는 현재와 미래의 복합적인 시제를 느낄 수 있습니다.

제1장
영어의 기본 구조

제2장
시제

제3장
파생된 동사에서 문법

제4장
만들어진 조합하여 문법

제5장
영문법 틀리기 쉬운

② '다른 사람이 정한 미래'도 크게 해석하면 ①과 같은 개념입니다. 이 문장에서도 '다음 주에 시험이 있다'는 이야기 자체는 그 자리에서 결정된 것도, 스스로 결정한 것도 아닙니다.

실제로 원어민들이 느끼는 뉘앙스 차이에 대해서 will을 사용한 비슷한 문장과 비교하면서 살펴보도록 하겠습니다.

We **will have** an exam next week. (우리는 다음 주에 시험을 봅니다[의지].)

We **are going to have** an exam next week.
(우리는 다음 주에 시험을 보기로 되어 있습니다[예정].)

will을 사용한 문장은 '그 순간의 의지'를 표명하는 뉘앙스를 담지만, be going to를 사용한 문장은 '자신의 의지'와는 상관없는 '예정'을 나타내는 뉘앙스를 담는다는 차이가 있습니다.

 (iii) 〈현재형〉 … '반복 동작'

다음의 미래형 용법은 현재형에서도 설명했던 내용입니다.

The KTX **arrives** at 7:20 tomorrow.
(그 KTX는 내일 7시 20분에 도착해요.)

이처럼 과거부터 현재, 그리고 미래에 걸쳐 반복적으로 일어나고 있는 일은 현재형으로 표현합니다. 여기서는 내일 일을 이야기하고 있으므로 분명히 미래를 이야기하고 있지만, 반복적으로 일어나는 일이라는 의미가 더 강조되어 현재형 동사를 사용한 문장입니다.

이 문장은 단순 미래의 will을 사용해 다음과 같이 표현할 수도 있습니다.

The KTX **will arrive** at 7:20 tomorrow.

이처럼 will을 사용한 문장으로 만들 수도 있습니다. 미국이나 캐나다 등 여러 영어권 나라의 원어민에게 이때 어떤 용법을 사용하는지 물었더니 현재형을 사용하는 사람과 will을 사용하는 사람이 정확히 같은 수로 나뉘었습니다. 기본적으로는 어느 쪽 용법을 사용해도 문제없습니다.

(iv) 〈현재진행형〉 … '아주 가까운 미래'

미래형 용법 중에 '아주 가까운 미래'를 표현하는 현재진행형 용법이 있습니다. 쉽게 접할 수 있는 예로는 열차의 차내 방송에서 나오는 다음과 같은 문장이 해당합니다.

We are arriving at Jongno 3ga Station in a few minutes.
(몇 분 후면 종로3가 역에 도착합니다.)

여기서는 차내 방송을 통해 '곧 도착하니 내릴 준비를 하십시오.' 하고 탑승객을 촉구하는 뉘앙스를 내고자 했습니다. '순간'을 강조하는 현재진행형을 사용함으로써 듣는 사람에게는 '당장에라도 도착한다'는 긴박한 뉘앙스가 전달됩니다. 이를 'We will arrive ~'와 같이 단순 미래 용법으로 사용하면 '이제 곧 도착합니다.' 정도로 담백한 표현이 되어 긴박감이 그다지 전달되지 않습니다.

(v) shall … '강한 의지 미래'와 '운명적인 미래'

마지막으로 조동사 shall을 사용한 미래형을 살펴보겠습니다.

영화 〈Shall We Dance?〉에서처럼 '~ 하지 않을래요?'와 같은 용법도 있지만, 미래형으로 사용하는 경우는 다소 특수하고, 주어에 따라서 의미도 크게 달라집니다.

① 강한 의지 미래(1인칭) … ~ 해야 한다/반드시 ~ 하겠다

It's late. I shall go. (늦었네. 이제 가야 해.)

이와 같이 사용하면 will보다 더 강한 의지가 느껴져 '말려도 소용없어. 무조건 갈 거야.'라는 뉘앙스가 전해지므로 상대는 그다지 만류하지 않을 것입니다. 반면에 'I will go.'라고 하면 '나는 가기로 결정했다.' 정도의 뉘앙스밖에 전해지지 않으므로 상대가 "그러지 말고, 조금만 더 여기 있지 그래?" 하고 만류할 수도 있습니다.

제1장
영어의 기본 구조

제2장
시제

제3장
파생된 동사에서 문법

제4장
조합하여 만들어진 문법

제5장
영문법 틀리기 쉬운

② 운명적인 미래(2인칭, 3인칭) … ~ 할 운명이다/~ 하게 될 것이다

You shall die. (넌 이미 죽었어.) 〈북두의 권〉 영어판 중에서

You shall not pass! (여기를 지나가지 못할 것이다!) 〈반지의 제왕〉 중에서

'운명의 shall' 용법은 굉장히 과장된 표현이어서 일상 대화에서는 별로 등장하지 않습니다. 실제로 제가 지금까지 접한 용례는 위에서 소개한 두 가지 예시 정도입니다.

첫 번째는 일본 애니메이션 〈북두의 권〉에 나오는 유명한 대사이고, 두 번째는 판타지 초대작 〈반지의 제왕〉에서 마법사 간달프가 적의 발을 묶을 때 내뱉은 대사입니다.

일상생활에서 사용할 일은 별로 없을 테지만, 창작물 등에는 종종 등장합니다. 따라서 드라마나 영화를 볼 때 '운명의 shall이 등장했다!' 하고 작품이 더욱 재미있어지므로 알아두면 좋을 것입니다.

'현재로 이어지는 과거'를 나타내는 '현재완료형'

 현재완료형과 과거형은 무엇이 다를까?

드디어 여기서부터 한국어에 존재하지 않는 '선시제'에 들어갑니다. 우선 선시제를 배우는 데 기본이 되는 '현재완료형'부터 설명하겠습니다.

학교에서는 현재완료형 공식 'have + 과거분사'와 다음과 같은 네 가지 용법을 배웁니다.

현재완료형 = have + 과거분사

① 완료   (이미) ~ 했다/해버렸다

② 결과   ~ 했다/해버렸다(그리고 지금도 ~ 하다)

③ 경험   ~ 한 적이 있다

④ 계속   ~ 하고 있다

이처럼 공식을 나열하고 바로 시험을 보는 식으로 배우는 사람이 많은데, 이는 어디까지나 한국어 번역과 모순이 생기지 않도록 '겉보기'를 표현한 데 지나지 않습니다.

실제로 원어민들은 어떤 감각으로 현재완료형을 인식하는지를 문제 형식으로 설명하겠습니다.

Today, two airplanes have crashed into the World Trade Center.

(오늘 두 대의 비행기가 세계무역센터에 충돌하여 [   ].)

제1장
영어의
기본구조

제2장
시제

제3장
파생사에서
된문법

제4장
조합하여
만들어진
문법

제5장
영문법
틀리기
쉬운

이 영어 문장의 마지막 부분을 어떻게 번역해 마무리하겠습니까?

과거형과 현재완료형의 차이를 명확하게 이해하지 못한 사람은 '충돌했습니다'라고 번역해버립니다. 이는 영어 교육 과정에서 '시제'에 대해 제대로 가르치지 않은 데 책임이 있습니다.

이 문장을 바탕으로 '현재완료형'의 시간축을 복습해봅시다.

'과거에 일어난 일이 지금도 계속되고 있다'

현재완료형의 올바른 시제는 '현재로 이어지는 과거'를 의미합니다.

어떤 시간축인지 살펴보자면, 아래 그림처럼 **'어떤 과거의 한 점에서 발생한 상태가 계속 이어지고, 지금도 계속되고 있는'** 상태가 현재완료형을 인지하는 감각입니다. 즉 원어민은 'have + 과거분사'를 사용한 문장을 듣고 **'과거에 일어났던 일이 지금도 계속되고 있구나'** 라는 숨은 뉘앙스를 읽어냅니다.

한편, 통상적인 과거형을 사용하면 '과거에 이런 일이 있었다'는 담백한 표현이 되고, '(하지만 지금은 상관없는 과거의 일)'이라는 숨은 뉘앙스가 상대방에게 전달됩니다.

'have + 과거분사'와 '과거형'에는 '과거에 일어났던 상황이 현재에도 직접적인 관계가 있는가 아닌가' 하는 큰 차이가 있습니다.

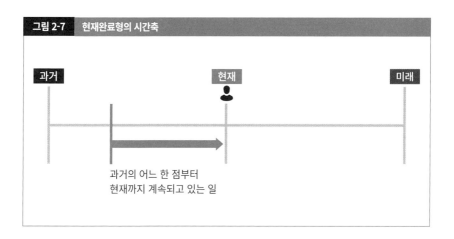

그림 2-7 현재완료형의 시간축

과거   현재   미래

과거의 어느 한 점부터
현재까지 계속되고 있는 일

'현재로 이어지는 과거'만으로 모두 설명할 수 있다

이러한 시제의 감각을 바탕으로 일반적으로 학교에서 배운 기존의 현재완료형 공식을 다시 한번 살펴봅시다.

이들은 모두 '현재로 이어지는 과거(어떤 사건의 상태)가 지금도 계속되고 있다'로 통일해서 외울 수 있습니다.

① 완료　이미 ~ 해버렸다/~ 해버렸다

I have finished my work. (일을 막 마친 참입니다.)

이 문장은 '일을 마친 상태가 지금도 계속되고 있다'는 상황을 나타내고 있습니다.

그로부터 '지금도 해야 할 일은 없는 상태'라는 숨은 뉘앙스를 읽을 수 있습니다.

② 결과　~ 해버렸다(그리고 지금도 ~ 하다)

I have lost my ring. (저는 반지를 잃어버렸습니다.)

여기에서는 '반지를 잃어버려서 지금도 찾지 못했다'는 뉘앙스가 전해집니다.

과거형으로 'I lost my ring.'이라고 하면 그 후에 찾았는지 어떤지 확실하지 않지만, **현재완료로 표현하면 '지금도 찾지 못하고 있음'을 알 수 있습니다.**

③ 경험　~ 한 적이 있다

I have learned swimming. (저는 수영을 배운 적이 있습니다.)

이 표현은 '수영을 습득한 상태가 지금도 계속되고 있는 상태'를 나타냅니다. 과거형으로 'I learned swimming.'이라고 하면 '예전에 배웠었다'는 사실이 전해질 뿐 '지금도 수영할 수 있다'는 보장은 없습니다.

한편, 현재완료형으로 표현하면 '지금도 수영할 수 있다'는 뉘앙스를 전할 수 있습니다.

제1장
기본의영어의구조

제2장
시제

제3장
파생된동사에서문법

제4장
조합하여만들어진문법

제5장
들리기쉬운영문법

④ 계속 ~ 하고 있다

I have been in Seoul for two years. (서울에 2년 동안 살고 있습니다.)

지금까지와 같은 개념으로 '서울에 있는(I am in Seoul) 상태가 지금도 계속되고 있다'는 의미입니다. 여기서 사용된 전치사 for에는 '2년이라는 기간에서 떨어져 있다'는 숨은 뉘앙스가 담겨 있습니다. 직역하면 '2년이라는 시간에서 떨어져 계속 서울에 있습니다.'라는 의미가 되고, 이를 의역해 '서울에 2년 동안 살고 있습니다.'가 됩니다.

 ## 현재완료형의 네 가지 용법은 어디까지나 한국어 번역의 한 예

지금까지 살펴보면서 알 수 있듯이 **중학교에서 배운 현재완료 ①~④ 용법은 모두 '현재완료형 시제'를 바탕으로 한 번역문의 예에 불과**합니다.

현재완료형을 ①~④ 용법으로 배운 사람은 이를 모두 암기해서 사용할 수밖에 없습니다. 하지만 **'현재로 이어지는 과거'라는 시제 감각을 알아두기만 해도 ①~④의 모든 의미를 아우를 수 있습니다.**

 ## '현재완료형'의 진정한 해석법

이제 시제 감각을 바탕으로 처음에 들었던 예문을 다시 한번 살펴보도록 합시다.

Today, two airplanes have crashed into the World Trade Center.

이미 눈치챈 사람도 있겠지만, 이는 2001년 9월 11일에 발생한 9·11 테러 때 당시 대통령이던 조지 W. 부시가 공식 발표에서 이 사건에 대해 처음 언급했을 때 한 말입니다.

'have crashed'는 '충돌했습니다'로 과거형과 똑같이 번역해버리기 쉽습니다. 하지만 이 문장의 시제로부터 **'두 대의 비행기가 건물에 충돌하고, 그로 인해 생긴 사태가 지금도 계속되고 있다'는 상태를 읽을 수 있습니다.**

원어민이라면 'have crashed'라고 듣는 순간 일부러 과거형이 아닌 현재완료형을 사용한 시점에서 '이 사태가 지금도 계속되고 있구나'라고 이해하고, 과거형 'crashed'를 사용했을 때보다 훨씬 심각한 상황이라고 받아들일 것입니다.

이처럼 '시제의 숨은 뉘앙스'를 알고 모르고에 따라 같은 문장에서 받는 인상이 크게 달라집니다. '현재완료형의 숨은 뉘앙스'를 바탕으로 앞 페이지의 문장을 다음과 같이 번역할 수 있습니다.

오늘 두 대의 비행기가 세계무역센터에 충돌하였고, 지금도 화염에 휩싸여 있습니다.

물론 영어 문장에 '지금도 화염에 휩싸여 있다'는 말은 존재하지 않습니다. 그러나 당시 원어민은 현재완료형에서 '이 사태가 계속되고 있다'는 숨은 뉘앙스를 읽고 '지금도 화염에 휩싸여 있다'고 짐작할 수 있었을 것입니다. 단순히 '현재완료형 → 해버렸다'는 식으로 단순 암기만 해서는 이러한 뉘앙스를 읽어낼 수 없습니다.

시제 감각을 제대로 이해하면 더욱 올바르고 유연하게 영어를 이해할 수 있게 됩니다.

왜 'have + 과거분사'일까?

현재완료형의 용법을 이해했으니 또 하나의 수수께끼, **'왜 have + 과거분사인가?'**라는 근본적인 문제에 대해서 설명하겠습니다.

왜 완료형에는 'have'를 사용할까? 그리고 왜 '과거분사'일까? 그 이유로는 여러 가지 설이 있는데, 그중에서 이해하기 쉬운 것으로 하나 소개하겠습니다.

현재완료형이 생기기 이전의 고대 영어에서는 완료형과 같은 의미를 지닌 문장을 다음과 같은 어순으로 표현했습니다(단어는 현대어로 바꾸었다).

I have my work finished. (저는 일을 끝냈습니다.)

have는 '~를 가지다'뿐만 아니라 '하게 하다/시키다'라는 사역의 의미를 지닌 동사입니다

(사역동사 항목 참조). 과거분사 형태에는 수동태 '~ 시켜서 하다'라는 의미가 있습니다(분사 항목 참조). 따라서 이 문장을 직역하면 '나는 일을 끝냄을 당한 상태로 만들었다(→ 현재완료형)'가 됩니다.

이 표현의 어순을 보면 다음과 같습니다.

주어(I) → 서술어(have) → 목적어(my work) → 과거분사(finished)

그런데 '목적어(my work)를 앞에, 과거분사(finished)를 뒤에' 두면서 동사로 목적어를 사이에 두기 조금 번거로웠습니다. 그래서 **'사역동사와 과거분사'를 하나로 합쳐서 서술어 (V)로 만들어 3형식(SVO) '주어(I) → 서술어(have finished) → 목적어(my work)'와 비슷하게 만들었습니다.**

현대 영어에서는 현재완료형을 '조동사 have + 과거분사' 형태로 다룹니다. 그런데 사실은 **'사역동사 + 과거분사를 합쳐서 서술어화한 것'**에서 유래한 것이었습니다.

제1장
영어의 기본 구조

제2장
시제

제3장
파생된 문법에서 동사

제4장
조합하여 만들어진 문법

제5장
틀리기 쉬운 영문법

'과거완료형'과 '미래완료형'의 차이는 도표로 보면 일목요연!

 현재완료형의 '시간축'을 이동시킨다

현재완료형 시제를 이해했다면 과거완료형과 미래완료형의 개념도 바로 이해할 수 있습니다. 개인적으로 미래완료형은 일상 대화에서는 별로 볼 수 없고, 소설 등에서 볼 수 있는 정도라는 인상을 받았습니다. 한편 과거완료형은 비교적 많이 사용하는 표현이므로 기억해두

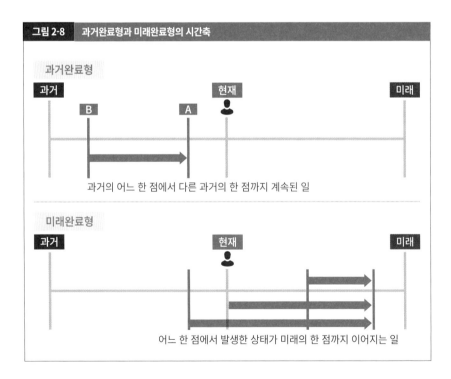

그림 2-8 과거완료형과 미래완료형의 시간축

과거완료형

| 과거 | 현재 | 미래 |

B   A

과거의 어느 한 점에서 다른 과거의 한 점까지 계속된 일

미래완료형

| 과거 | 현재 | 미래 |

어느 한 점에서 발생한 상태가 미래의 한 점까지 이어지는 일

면 편리합니다. 두 형태 모두 현재완료형과 마찬가지로 '어떤 일이 현재까지 이어져 있다(현재로 이어지는 과거)'는 감각을 '다른 시간축'으로 옮겨보면 바로 이해될 것입니다.

핵심은 '어느 한 점까지 계속되는 기간'

과거완료형은 현재완료형 'have + 과거분사'의 have를 과거형으로 바꾸어 만듭니다.

〈과거완료형〉 ··· 과거의 어느 한 점에서 다른 과거의 한 점까지 계속된 일

I had been in America until last March.

(저는 작년 3월까지 미국에 있었습니다.)

'나'는 '작년 3월보다 이전'부터 미국에 체류하다가 '작년 3월에' 체류가 종료되었다고 바꾸어 말할 수 있습니다. 이때 **'언제부터 시작되었는가'는 모호하지만 '과거의 어느 한 점에서 끝났고, 현재는 다르다'는 것만큼은 분명합니다.**

왼쪽 그림과 같이 '현재에 가까운 과거 A로 이어지는 보다 오래된 과거 B(대과거)'부터의 일정 기간이라는 이미지를 떠올리며 감각적으로 파악해야 합니다.

한편, 미래완료형은 have 앞에 '단순 미래 will'을 둡니다.

〈미래완료형〉 ··· 미래의 한 점까지 이어지는 일

I will have been in America until next March.

(저는 내년 3월까지 미국에 있을 것입니다.)

과거완료형에서는 '과거 B부터 과거 A까지 이어지는 상태'였지만 미래완료형에서는 '미래의 한 점까지 이어지는 상태'입니다. 이 예문에서는 종료 시기가 '내년 3월까지'로 명확합니다.

완료형 '선시제'는 왼쪽 그림을 직감적으로 이해할 수 있어야 합니다. 일상 대화 중에서도 이 그림을 항상 떠올리며 '지금 문장은 어느 시제에 해당하는가'를 생각하면서 익숙해지도록 합시다.

'완료형'의 부정문과 의문문 만들기

 과거분사를 남기고 have만 바꾼다

일상 대화에서 완료형 긍정문은 비교적 많이 등장하는데, 이와 마찬가지로 완료형 의문문과 부정문도 많이 쓰이는 표현입니다.

　기본적인 개념은 일반 부정문, 의문문과 같지만 문장에 따라서 조금 조심해야 하는 경우가 있으니 차례로 살펴보도록 합시다.

　【긍정】You have eaten dinner **already**.

　　　　(당신은 **이미** 저녁을 먹었습니다.)

　이처럼 무엇인가를 끝마쳤을 때 사용하는 전형적인 완료형 문장이 있다고 합시다. 학교 수업에서는 대부분 'You have already eaten ~'과 같이 문장 중간에 already를 두라고 가르치는데, 현대 영어에서는 문장 끝에 두는 경향을 보입니다.

　이 문장을 부정문으로 만들려면 조동사가 된 have에 not을 붙여서 다음과 같이 만듭니다.

　【부정】You have **not** eaten dinner **yet**. (not ~ yet으로 '아직 ~ 하지 않았다')

　　　　(haven't)

　　　　(당신은 **아직** 저녁을 먹지 **않았습니다**.)

　긍정문에서 사용하던 already(이미) 대신 부정문에서는 not ~ yet(아직 ~ 하지 않았다)을 사용합니다. 'not ~ yet'은 한 세트로 외워두면 유용하지요. have 뒤의 동사는 과거분사 그대로 사용합니다.

의문문도 기본적인 개념은 일반적인 문장과 같습니다. 조동사를 주어 앞으로 이동시켜 만듭니다.

【의문】 Have you eaten dinner **yet**?
　　　(당신은 저녁을 **이미** 먹었습니까?)

의문문에서도 already가 yet으로 바뀌는데, 이때는 '이미 ~ 했어?'라는 의미가 됩니다. 이러한 완료형 의문문에는 다음과 같은 형태로 대답합니다.

Yes, I have. (네, 했습니다.)

No, I have not. (아니요, 하지 않았습니다.)

Not yet. (아직입니다.)

참고로 3인칭 단수 현재형이 주어가 되었을 때는 does와 마찬가지로 have가 has로 변합니다.

【긍정】 She has studied abroad. (그녀는 외국에서 공부한 적이 있습니다.)

【부정】 She has not studied abroad. (그녀는 외국에서 공부한 적이 없습니다.)
　　　　　　(hasn't)

【의문】 Has she studied abroad? (그녀는 외국에서 공부한 적이 있습니까?)

번역할 때 '현재완료형의 어떤 용법으로 번역해야 하지?'라는 의문이 들 수도 있지만, **'어디까지나 완료형은 시제이며, 틀에 박힌 번역에 얽매여서는 안 된다'**는 점을 명심합시다.

여기서는 'already나 yet이 붙지 않은 점', '외국에서 배우다'라는 내용으로부터 상황을 유추하여 판단해서 '~ 한 적이 있다'고 번역했습니다.

제1장
영어의 기본 구조

제2장
시제

제3장
파생된 동사에서 문법

제4장
만들어진 조합하여 문법

제5장
영문법 틀리기 쉬운

'완료진행형'은 기간 내에 계속된 일

 현재완료형에 진행형 요소를 담는다

완료형 시제를 파악했다면 다음은 또 다른 선시제인 '완료진행형'에 대해 알아보겠습니다. 먼저 다음 문장을 영어 문장으로 만들어봅시다.

그녀는 세 시간 내내 TV를 보고 있습니다.

이 문장을 보면 무심코 '현재로 이어지는 과거니까 현재완료를 써야지!'라는 생각에 다음과 같이 문장을 만들기 쉽습니다.

▲ She has watched TV for three hours.

'그녀가 세 시간 동안 TV를 보았다.'는 의미는 전해지지만, 이 문장만 보면 '세 시간 본 상태가 현재까지 계속되었다'와 같이 TV를 다 본 듯한 뉘앙스로 전해집니다. 따라서 **'계속 보고 있다'는 '계속성'을 전달하고자 한다면 현재완료형에 진행형 요소를 담아야 합니다.**

먼저 'has watched'와 같이 현재완료형 문장을 떠올립니다. 다음으로 '진행형' 형태인 'be 동사 + ~ing'를 넣습니다.

○ She has **been watching** TV for three hours.

  have + **be 동사의 과거분사 + ~ing** → 현재완료진행형

이로써 이른바 '현재완료진행형' 문장이 완성되었습니다. 완료진행형은 완료형 시제에 '계속 ~ 하고 있다'를 더한다는 느낌으로 만듭니다.

이 감각을 응용하면 '과거완료진행형'과 '미래완료진행형'도 아래 그림과 같이 시제에 따라 정리할 수 있습니다.

제1장
기본 영어의 구조

제2장
시제

제3장
파생된 동사에서 문법

제4장
만들어진 조합하여 문법

제5장
영문법 틀리기 쉬운

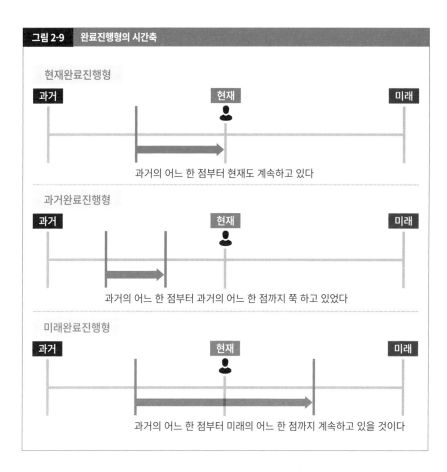

그림 2-9　　**완료진행형의 시간축**

현재완료진행형

| 과거 | | 현재 | | 미래 |

과거의 어느 한 점부터 현재도 계속하고 있다

과거완료진행형

| 과거 | | 현재 | | 미래 |

과거의 어느 한 점부터 과거의 어느 한 점까지 쭉 하고 있었다

미래완료진행형

| 과거 | | 현재 | | 미래 |

과거의 어느 한 점부터 미래의 어느 한 점까지 계속하고 있을 것이다

〈과거완료진행형〉 had been ~ing (계속 ~ 하고 있었다)

She had been sleeping until noon.

(그녀는 낮까지 계속 자고 있었습니다.)

〈미래완료진행형〉 will have been ~ing (계속 ~ 하고 있을 것이다)

She will have been sleeping until noon.

(그녀는 낮까지 계속 자고 있을 것입니다.)

제 2 장 | 시제

시제 ⑪

제1장
기 영어의
본 구조

제2장
시
제

제3장
파 동사에서
생된 문법

제4장
조 합하여
만들어진 문법

제5장
영문법 들리기 쉬운

'가정법'은 '신의 시간'을 나타낸다

 가정법에 '공식'은 필요 없다

현재완료진행형까지 이해했다면 이제 영어 시제의 끝이 보이기 시작한 셈입니다. 다만 아직 시제의 마지막 보루가 남아 있지요. 바로 그렇습니다, '**가정법**'입니다.

일반적으로 가정법은 고등학교 영어 중에서 최대 난관이라고 불리는 항목으로, 저 또한 고등학생 시절에 너무 어려운 나머지 포기하고 나가떨어졌던 기억이 있습니다.

가정법이 어렵게 느껴지는 이유는 무엇보다도 수업에서 배우는 '공식의 복잡함' 때문이 아닐까 생각합니다.

'나쁜 예'로서 가정법 공식을 다시 한번 살펴보겠습니다.

【나쁜 예】'가정법 과거' 공식

만약 ~이라면, …일 텐데.

If + 주어 + 동사 과거형 + 목적어 + α,

주어 + 조동사 과거형 + 동사 원형 + 목적어 + α

(could/should/might 등)

→ 만약 내가 새라면, 당신에게 날아갈 수 있을 텐데.

If I were a bird, I could fly to you.

이 공식을 보기만 해도 질리는 사람이 많지 않을까요?

공식을 외우기 급급하기만 해서는 문장이 가진 의미를 차분히 맛볼 수 없습니다. 여기서 확실하게 단언해두겠습니다. **이 공식은 깨끗하게 잊어버립시다.** 저 또한 고등학생 시절에 가정법 공식을 암기해 습득하려고 했지만 좀처럼 할 수 없었습니다.

하지만 영어의 역사를 조사하다가 **'시제의 관점'에서 보는 개념을 깨닫는 순간 바로 자유자재로 구사할 수 있게 되었습니다.**

이 책에서는 '공식 암기'에서 벗어나 감각적으로 가정법을 이해하는 방법을 소개하겠습니다.

 ## 가정법은 '기묘한 규칙'

방금 본 영어 문장을 다시 한번 살펴봅시다.

> 만약 내가 새라면 당신에게 날아갈 수 있을 텐데.
>
> If I am a bird, I can fly to you.
>
>   were   could

원래 1인칭 현재형 문장인데 am이 아닌 were을 쓰고, 뒤따라오는 절에서도 can이 아닌 과거형 could를 썼습니다. 이처럼 **가정법에서는 현재형인데 과거형을 사용하고, 주어 뒤의 be 동사가 were이 되는** 기묘한 규칙이 있습니다.

왜 이렇게 이상한 방법으로 표현하게 되었을까요?

 ## 가정법의 기원은 영어의 '존댓말'에 있었다

가정법이 이처럼 신기한 용법이 된 이유 역시 영어의 역사에서 찾아볼 수 있습니다.

영어는 지금으로부터 약 1500년 전 고대 영어를 기원으로 시작되었습니다. 그 후 기독교의 보급에 따라 언어로서 성숙해집니다. 기독교라고 하면 알다시피 성경을 경전으로 삼아 영어권에 전해졌습니다.

제1장
영어의
기본
구조

제2장
시
제

제3장
파
생
된
동
사
에
서
문
법

제4장
만
들
어
진
문
법
조
합
하
여

제5장
영
문
법
틀
리
기
쉬
운

다만 성경은 영어로 쓰여 있지 않았습니다. 따라서 영어권에서 널리 퍼뜨리려면 영어로 번역해야 했습니다. 그런데 한 가지 곤란한 일이 생겼습니다. 바로 **'당시 영어에는 존댓말이 존재하지 않았던 것'**입니다.

왜 성경 번역에 존댓말이 필요한가 하면, 구약성경은 '신과 사람'의 이야기이고, 신약성경은 신의 아들(또는 분신)인 '예수 그리스도'의 이야기입니다. 구약성경에는 신이 인간에게 벌을 주는 일화가 있고, 신약성경에서는 신의 분신인 그리스도가 여러 기적을 일으킵니다. 즉 기독교에서 신은 경외해야 할 존재였습니다.

히브리어나 라틴어에서는 신이나 왕 등 존경해야 할 사람의 행동을 인간 동사와는 구별된 특별한 단어로 기술했습니다. 한국어에서 말하는 '보다 → 보시다'를 더 강하게 만들었다고 생각하면 됩니다. 반면 다양한 언어가 섞여서 이제 막 겨우 성립된 고대 영어에는 그러한 특별한 동사 따위는 존재하지 않았습니다.

존댓말이 없다고 해서 인간이 사용하는 동사와 같은 활용을 사용해서 번역해버리면 '신과 인간을 동등한 수준으로 만들었다'는 이유로 신의 분노를 살지도 모릅니다. 신벌을 두려워한 당시 신관들은 **'인간과 동사를 다르게 활용하는 방법으로 신의 행동을 번역해야겠다'**고 생각했습니다.

동사를 바꾸어 '겸양어'로

하지만 동사의 활용법을 달리한다고 해도 새로운 활용형이나 단어를 만들어내면 모처럼 정리된 영어가 다시 번잡해집니다. 그래서 신관들은 **'시제의 변화'**에 주목했습니다.

인간이 **신의 영역에 관해 이야기할 때는 시제를 한 단계 낮춤으로써 자신의 입장을 낮추고 신에 대한 경외심을 나타내기**로 한 것입니다. **겸양어와 같은 발상에서 비롯된 개념**입니다.

즉 문장의 원래 시제가 현재형이라면 과거형으로, 미래형이라면 현재형으로, 과거형이라면 과거완료형으로, 이처럼 **'동사의 시제를 한 단계 낮춤'**으로써 **'황공한 신의 영역'**에 관해 이

야기하는 데 경외심을 표하는 겸양어의 의미를 담는 습관이 퍼진 것입니다.

 ## 가정법 → 신밖에 실현할 수 없는 이야기

그렇다면 왜 가정법과 '신에 대한 존경'이 관련되어 있을까요?

기독교가 보급됨에 따라 영어와 기독교의 관계는 더욱 밀접해지고 영어 표현에 큰 영향을 주게 됩니다. 그중에서 '만약 ~이라면…'은 **신만이 실현할 수 있는 이야기지만,' 만약 ~이라면**…이라는 뉘앙스로 이야기하게 된 것으로 보입니다.

가정법을 사용하는 '만약 ~이라면…'이라는 상황은 대부분 우리 인간이 실현할 수 없는 '가상의 상황'을 가정합니다. 기독교에 대한 신앙심이 깊었던 당시 사람들은 가정 이야기를 할 때 반드시 신의 존재를 의식해 동사 시제를 낮춘 표현을 하게 되었습니다.

 ## 가정법은 '시제를 한 단계 낮출' 뿐

이를 바탕으로 다시 한번 첫 번째 문장을 살펴보도록 합시다.

만약 내가 새라면 당신에게 날아갈 수 있을 텐데.

If I were a bird, I could fly to you.

'내가 새라면'이라는 전제는 분명히 사람의 힘이 닿는 범위를 초월한 상황입니다. 당시 사람들에게 신만이 실현할 수 있는 가정 이야기를 하기란 매우 송구스러운 일이었습니다. 그래서 **가정 이야기를 할 때도 신에 대한 공경심을 나타내기 위해 시제를 한 단계 낮추어 겸양어로 말하게 되었습니다.**

그럼 왜 was가 아닌 were을 사용하는가 하면, '가정 이야기'라는 점을 더욱 돋보이게 하기 위해서가 아닐까 합니다. 역사적으로 보면 'If I was ~'를 사용하던 시기도 있었지만 결국에는 '가정 이야기의 be 동사는 모두 were'로 통일되었습니다.

현대 영어의 표현법으로 봐도 현재 이야기를 하다가 갑자기 과거형이 나오고 1인칭인데

제1장
기본 영어의
구조

제2장
시
제

제3장
파 동
생 사
된 에
문 서
법

제4장
조 동
합 사
하 를
여
진 여
문
법

제5장
틀
리 영
기 문
쉬 법
운

were을 사용하면, '가정 이야기를 하는구나!' 하고 바로 알 수 있습니다.

　가정법의 기묘한 규칙은 '신에 대한 존경'에서 비롯되어 현재는 '가정 이야기임을 알기 쉽게 하려는' 실용적인 이유에서 '인간 측의 시제를 한 단계 낮추는' 용법이 남은 것입니다.

 실례로 보는 가정법의 '시제'

그럼 '가정법의 시제 낮추기'를 실제 예시와 함께 살펴보도록 합시다.

　(i) 만약 차를 가지고 있다면, 드라이브 갈 수 있을 텐데.

　If I had a car, I could go driving.

　말하는 사람은 '차를 가지고 있지 않다'는 전제하에 이야기하고 있습니다. 이야기하는 순간에 차가 눈앞에 나타날 리도 없습니다.

　그래서 **신의 영역을 의식해 동사의 시제를 낮춘 문장을 만듭니다.** 그 결과 원래 현재형이었던 동사와 조동사를 과거형으로 낮춥니다.

　(ii) 만약 그때 거기 있었다면, 그를 만날 수 있었을 텐데.

　If I had been there at that time, I could have met him.

　과거 이야기를 하고 있다는 점에 주의합시다. '과거'에서 시제를 한 단계 낮출 때는 과거완료형을 설명할 때 나왔던 '그 과거보다 예전의 과거 B(대과거)'로 시제가 내려갑니다. 따라서 **과거의 가정 이야기를 할 때는 과거완료형**을 사용합니다.

　이때 과거형으로 바뀐 could 뒤에 오는 have에 주의해야 합니다. 원래 '대과거' 시제에 맞추어 'could had met'이라고 하고 싶겠지만, '조동사 뒤에 오는 동사는 원형'을 쓴다는 원칙이 있으므로 have로 돌아갑니다.

(iii) 만약 네가 100원을 가지고 있다면 빌려주면 좋겠는데.

If you have a hundred won, I want you to lend me.

이는 사실 함정 문제입니다. 번역문을 보면 알 수 있듯이 '100원을 가지고 있다면'이라는 가정은 '그 자리에서도 충분히 가능성이 있는 이야기'입니다. 따라서 여기서는 '신에 대한 경외심'이 필요 없고 현재형 그대로 이야기하면 됩니다.

예를 들어 '네가 지금 1억 원을 가지고 있다면 ~'이라는 이야기였다면 가정법을 사용해 이야기해야 할 것입니다(상대방이 상당한 자산가라면 별개지만).

'신에 대한 경외심'이라는 전제를 기억해두면 이런 함정 문제가 나와도 당황하지 않고 구분할 수 있습니다. '시제 감각'을 파악했다면 아주 간단하게 **'가정법 → 신에 대한 경외심으로 시제를 하나 낮춘다'**만 외워도 가정법을 자유자재로 구사할 수 있게 됩니다.

제 2 장 │ 시제 │ 시제 ⑫

제1장
기본 영어의 구조

제2장
시제

제3장
파생된 동사에서 문법

제4장
조합하여 만들어진 문법

제5장
틀리기 쉬운 영문법

'If'가 등장하지 않는 '가정법'의 용법

 'wish'를 사용한 가정법

이번에는 'if가 등장하지 않는 가정 표현'에 대해 생각해보겠습니다. 먼저 앞에서 설명한 가정을 다시 한번 살펴봅시다.

만약 내가 더 잘생겼다면 그녀와 결혼할 수 있을 텐데.

If I were more handsome, I could marry her.

<u>　　　조건절　　　</u>　　　<u>　주절(결론)　</u>

이처럼 if를 사용한 가정문은 '만약 ~이라면, …이다'라는 '조건절 + 주절(결론)'의 두 문장을 합친 것이었습니다. 이 문장에는 ① '더 잘생겼으면'과 ② '그녀와 결혼할 수 있으면 좋겠다'라는 두 가지 소망이 담겨 있음을 알 수 있습니다.

일상 대화 중에서 그저 '~였으면 좋겠다'고 단순한 바람을 말하고 싶을 때도 있습니다. 이런 경우에는 if를 생략하고 '**wish**'를 사용하면 문장을 두 개로 나눌 수 있습니다.

① 더 잘생겼으면.

　　I wish I were more handsome. ← 조건절의 if는 생략된다

② 그녀와 결혼할 수 있으면 좋을 텐데.

　　I wish I could marry her. ← 주절은 그대로 뽑아낼 수 있다

'갑자기 잘생겨진다'거나 '아무 이유 없이 그녀와 결혼한다'는 것은 '신께 기도해 신이 실현해준다는 가정'이 전제가 되므로 I wish 뒤에 오는 절의 시제를 한 단계 낮추어 표현했습니다.

'It's time ~'을 사용한 가정법

가정법을 사용한 표현에는 여러 종류가 있는데, 그중에서 일상적으로 사용할 가능성이 높은 것을 하나 더 꼽을 수 있습니다. 바로 '이제 ~ 할 시간이다'라는 형태입니다.

〈It's time ~.〉

It's time (that) you went to bed. (이제 잘 시간이에요.)

go

여기서 한 가지 의문이 떠오릅니다. 이 문장은 언뜻 보면 가정법이 아닌 일상의 무심한 한마디입니다. 하지만 that 이하(that은 생략되는 경우가 많다) 절의 시제가 한 단계 낮아졌습니다. 왜냐하면 'It's time ~'이라고 말한 시점에서 듣는 사람은 아직 자고 있지 않습니다. 일반적으로 그 자리에서 침대로 순간 이동해 자는 마술도 할 수 없습니다. 따라서 가정법의 '신의 영역' 개념이 작용해 'you went to bed'로 시제를 낮추어 표현합니다. 다음과 같이 유사한 표현도 있습니다.

It's about time ~. (슬슬 ~ 할 시간이에요.)
It's high time ~. (~ 할 시각이 되었다.) ← 현대에는 잘 사용하지 않는다

제 2 장 │ 시제
│ 존댓말

제1장
기 영어의
본 구조

제2장
시제

제3장
파 동사에서
생 된 문법

제4장
만 조합하여
들어진 문법

제5장
틀리기 쉬운
영문법

사실 '존댓말'과 '가정법'은 같은 개념이다!

 영어에 '존댓말 표현집'은 존재하지 않는다?

가정법 항목에서 '시제를 한 단계 낮춤으로써 신에 대한 경외심을 나타낸다'고 이야기했습니다. 여기서는 '영어의 존댓말'에 대해서 조금 더 자세히 설명하겠습니다.

존댓말이라고 하면 영어를 공부하는 많은 사람이 '특수한 존댓말 표현집을 암기해야 한다'고 생각하기 쉽습니다. 확실히 영어에는 존댓말과 같은 표현이 있기는 하지만 **'존댓말에 대한 개념'**을 배우면 더욱 폭넓은 존댓말 표현을 구사할 수 있게 됩니다.

 영어에 존재하는 것은 '겸양어'뿐

우선 결론부터 말하자면 **영어에는 겸양어(자신을 낮추는 표현)밖에 없습니다.**

한국어와 같은 높임말(상대방을 높이는 표현)은 존재하지 않는다고 생각합시다(없는 것은 아니지만, 사용하는 경우가 굉장히 드물다).

영어의 존댓말에 대한 개념을 설명하기 위해 일반적인 중학교 수업에서 배우는 정중한 표현에 대해 생각해봅시다.

① Will you ~ ? (~ 해주겠습니까?)

② Can you ~ ? (~ 해줄 수 있습니까?)

①~②를 정중한 표현으로 바꾸면 다음과 같습니다.

① → Would you ~? (~ 해주시겠습니까?)

② → Could you ~? (~ 해주실 수 있습니까?)

이처럼 **영어에서는 원래 문장을 과거형으로 만들면 정중한 부탁을 뜻하는 겸양어가 됩니다.** 즉 가정법의 사고방식에서 유래한 것입니다.

기독교의 영향을 받은 영어는 '신에 대한 경외심'을 나타내기 위해 동사의 시제를 낮추는 규칙을 만들었습니다. 그것이 오랜 세월에 걸쳐 신뿐만 아니라 왕에 대한 겸양어로도 사용하게 됩니다. 시간이 더 지나면서 일반적으로 높은 사람에 대한 겸양어로 바뀌었고, 결국 '시제를 낮춘 표현'을 '윗사람에 대한 겸양어'로 쓰게 되었습니다.

즉 영어의 존댓말은 **'자신의 시제를 낮추어 표현한다'고만 생각하면 얼마든지 응용할 수 있습니다.**

영화 〈백 투 더 퓨처 2〉 초반에 주인공 가족에게 고용되었던 비프 태넌이 던진 다음과 같은 대사에서 그 일례를 엿볼 수 있습니다.

I wanted to show you those new matchbooks for my auto dealing
I had printed up!
(인쇄한 자동차 회사의 홍보용 성냥을 보여드리고 싶은데요!)

이 대사도 눈앞의 인물에게 이야기하고 있음에도 불구하고 과거형 wanted를 사용했습니다. 그에 맞추어 '지금'보다 이전에 '인쇄했다'는 것을 대과거 'had printed'로 표현했습니다.

이처럼 자신의 동사의 시제를 낮추면 상대방에 대한 겸양어 표현으로 사용할 수 있습니다. 다만 영어권에서는 비즈니스상에서도 스스럼없이 대하는 것이 일반적이므로 우리가 생각하는 것보다도 더 겸손한 인상을 준다는 점에 주의해야겠습니다.

제 2 장 │ 시제　　　　　　　　　　　　　　　　│ 조건부사절

제1장
영어의
기본구조

제2장
시제

제3장
파생된 동사에서 문법

제4장
조합하여 만들어진 문법

제5장
영문법 틀리기 쉬운

'가정법의 일종'이었던 조건부사절

 조건부사절 '만약 ~이라면, …한다'

'가정법의 시제' 감각을 파악했다면, '조건부사절'의 용법도 바로 이해할 수 있습니다.

　조건부사절이란 다음과 같은 문장의 전반부를 가리킵니다.

만약 내일 맑으면, 우리는 바다에 갑니다.

If it ~~will be~~ fine tomorrow, we will go to the sea.
　　　　is

　왜 이 전반부를 '조건부사절'이라고 부르는가 하면, '(우리는 바다에) **간다**'라는 동사를 '만약 내일 맑으면'이라는 '조건이 달린 절'로 설명하고 있기 때문입니다.

　동사를 수식하는 말을 부사라고 부르는데, 여기서는 단어가 아닌 조건이 달린 절로 수식하므로 조건부사절이라고 합니다.

　학교 수업에서는 '미래에 관해 이야기하는 if 절은 will을 사용하지 않고 현재형으로 만들라'고 배웁니다. 다만, 이 설명만 들어서는 '왜 미래에 관한 if는 현재형을 사용할까?' 하고 사고 정지 상태에 빠질 것입니다. 이 문장 역시 '가정법의 시제 낮추기' 법칙이 적용되었다고 생각할 수 있습니다.

'미래'에 관한 가정법

즉 원래 if 절은 'it will be fine tomorrow'처럼 미래형 문장이었는데, **가정법의 시제 낮추기'에 의해 미래형에서 현재형으로 한 단계 내려가면서 현재형으로 변한 것**입니다. 더 자세히 살펴봅시다.

> **만약 내일 맑으면, 우리는 바다에 갑니다.**
> **If it is fine tomorrow,** we will go to the sea.
> 신만이 아는 영역 (→ 가정법 현재)

먼저 '만약 내일 맑으면'이라는 부분부터 살펴보면, 미래의 날씨는 신만이 알 수 있습니다. 요즘처럼 고정밀 기상 위성이 있다고 해도 인간이 확실한 미래를 아는 것은 불가능한 법입니다. 따라서 **신이 아는 영역을 겸양어로 이야기하고자 미래형의 시제를 한 단계 낮추어 현재형으로 만듭니다.**

한편 'we will go to the sea' 부분은 '미래의 날씨'와 달리 인간이 통제할 수 있는 영역입니다. **1%라도 인간이 통제할 가능성이 있는 영역에는 가정법을 사용하지 않습니다.** 따라서 이 부분의 시제는 낮추지 않습니다.

이처럼 '신의 영역'과 '인간의 영역'을 나누어 시제를 생각하면 조건부사절을 가정법의 일종으로서 간단하게 설명할 수 있습니다. 즉 '조건부사절'은 원래 '미래에 관한 가정법(가정법 현재)'이었다고 할 수 있습니다.

'가정법 현재는 다른 것을 가리킨다'고 반론할 수도 있습니다. 하지만 이번 장에서 설명한 '가정법의 기초'를 파악하면 가정법, 존댓말, 조건부사절을 더욱 자유롭게 구사할 수 있게 됩니다. 이러한 문법들을 자유자재로 구사할 수 있는 비결은 어렵게 생각할 것 없이 '윗사람이 있을 때는 시제를 내리자 법칙'에 따라 너무 따지고 들지 말고 좋은 의미로 대충 받아들이는 것입니다.

'구조 문법'과 '감각 문법'

학창 시절에 들었던 영어 수업을 되돌아보고 당시에 영문법을 한 가지도 이해할 수 없었다고 하는 사람은 거의 없을 것입니다. 대부분은 '어느 정도 이해할 수 있었던 문법'과 '전혀 이해할 수 없었던 문법'이 있었다고 떠올릴 것입니다.

   그럼 다음 페이지의 그림에서 학창 시절에 이해하지 못했던 문법을 찾아봅시다. 아마 오른쪽 '감각 문법' 범위에 나열된 문법 중에서 고른 사람이 많지 않을까요?

   사실 영문법은 '감각 문법'과 '구조 문법'의 두 가지로 나눌 수 있습니다. 감각 문법과 구조 문법이라는 말은 제가 만든 조어로, 의미는 다음과 같습니다.

   감각 문법: 원어민이 '직감'적으로 이해하는 문법

   구조 문법: 형태만 알면 일단 구사할 수 있는 문법

   구조 문법은 한국어와 영어의 인식 차이가 비교적 작아서 형태만 외워두면 평범하게 구사할 수 있습니다. 한편, 감각 문법은 한국어와 영어의 인식 차이가 커서 원어민이 그 문법을 사용할 때의 감각까지 제대로 이해하지 못하면 능숙하게 구사하기 어려워집니다. 습득의 문턱이 높은 시제는 모두 감각 문법에 들어갑니다.

   다음 문장을 봅시다.

   【과거형】   I lost my ring. (나는 반지를 잃어버렸다.)

   【현재완료형】 I have lost my ring. (나는 반지를 잃어버리고 말았다.)

| 그림 2-10 | '구조 문법'과 '감각 문법'의 차이 |

'구조' 문법	'감각' 문법
한국어와 영어의 인식 차이가 비교적 작다	한국어와 영어의 인식에 큰 괴리가 있다

'구조' 문법

be 동사
일반 동사
의문사
기본 5형식
관사
전치사
접속사
형용사와 부사
조동사
부정사
be to 구문
분사
동명사
비교
수동태
사역동사
관계대명사
관계부사

'감각' 문법

시제
가정법
존댓말
조건부사절

번역문만 보면 과거형을 사용한 문장이나 현재완료형을 사용한 문장이나 의미가 같아 보입니다. 하지만 현재완료형 문장에는 '반지를 잃어버려서 지금도 찾지 못하고 있다'는 뉘앙스가 담겨 있습니다. 한편 과거형을 사용한 'I lost my ring.' 문장을 보면 그 후에 반지를 찾았는지 아닌지 확실하지 않습니다. 이러한 미묘한 뉘앙스 차이는 '공식을 통째로 암기'하는 식으로 공부해서는 전혀 알 길이 없습니다.

영문법을 학습하다가 이해하기 어렵다고 느껴질 때는 그 문법이 감각 문법인지 구조 문법인지를 확인해보는 것도 하나의 방법입니다.

만약 감각 문법에 해당한다면 **'왜 이 문법은 이런 형태일까?', '왜 이 문법이 필요할까?',** **'어떤 상황에서 이 문법을 사용할까?'** 이러한 의문을 더욱 의식하면서 원어민의 감각 따라잡기를 목표로 학습하도록 항상 유의해봅시다.

제 3 장

동사에서
파생된
문법

동사에서 파생된 문법도 하나의 이야기로 이어진다

제3장에서는 '동사에서 파생된 문법'에 대해 알아보겠습니다.

영어는 한국어보다 훨씬 더 '동사'를 중심으로 문법을 발전시켜온 역사가 있습니다. '동사에서 파생된 문법'을 배울 때는 먼저 '조동사'를 이해해야 합니다. 조동사는 '동사의 의미를 부풀리는' 문법입니다. 조동사를 사용함으로써 하나의 동사가 몇 배의 의미로 둔갑해 표현 개수를 단번에 늘릴 수 있습니다.

다음으로 배울 차례는 **'부정사'**입니다. 부정사는 영어 문장을 만들 때 100%라고 해도 좋을 정도로 자주 등장하는 문법입니다. 상대방에게 전하고 싶은 내용을 조금 진하게 만들 수 있는 '비밀 조미료' 같은 문법입니다.

세 번째로 '부정사'에서 파생된 **'be to 구문'**을 배웁니다. 'be to 구문'은 사실 웅장한 역사 속에서 태어난 '엉성한' 문법입니다. '엉성한' 문법을 능숙하게 구사함으로써 생기 넘치는 영어다운 표현을 만들어낼 수 있습니다.

네 번째는 **'분사'**입니다. '분사'와 '부정사', 'be to 구문'은 형제 관계입니다. 무슨 말인가 싶을 텐데 '분사'에는 '부정사'와 아주 비슷한 용법이 있습니다.

마지막으로 **'동명사'**를 살펴봅니다. '동명사' 역시 '부정사', '분사'와 형제 관계입니다. '동명사'의 핵심은 '부정사'와 구분하는 것입니다. '부정사', '분사', '동명사'는 그 문법이 생겨난 과정에 따라 배워야 하며, 배우는 순서만 지키면 반드시 이해할 수 있게 되어 있습니다.

자, 그럼 바로 '동사에서 파생된 문법'을 하나씩 살펴봅시다!

그림 3-1 제3장【동사에서 파생된 문법】의 흐름도

동사의 의미를 부풀리는 문법

23 조동사

동사를 '명사'나 '형용사', '부사'처럼 다루는 문법

24 부정사

제3장
동사에서
파생된
문법

제4장
조합하여
만들어진
문법

제5장
틀리기
쉬운
영문법

부정사와 비슷한 'to + 동사 원형' 형태의 문법

25 be to 구문

동사를 '형용사'처럼 취급하는 문법

26 분사

동사를 '명사'처럼 취급하는 문법

27 동명사

'will'의 의미는 '미래'만이 아니다!

 ## will의 '미래' 이외의 세 가지 의미

조동사 will은 게르만어의 'wilijo(의도)'에서 유래한 말입니다.

 제2장의 '미래형'에서도 다룬 바와 같이 **will은 '의지로 정한 미래'**를 가리키며, be going to로 나타내는 '이전부터 정해져 있던 미래나 다른 사람이 정한 미래'와 구별해 사용합니다. 일반적인 학교 수업에서는 여기까지만 이야기하는 모양이니 한 걸음 더 나아가 설명하도록 하겠습니다. will의 '미래' 이외의 의미로는 다음 세 가지가 있습니다.

 ① will : 반드시 ~ 한다, 무슨 일이 있어도 ~ 하려고 한다

 ② will often : 자주 ~ 한다

 ③ won't : 무슨 일이 있어도 ~ 하지 않는다

하나씩 차례로 살펴봅시다.

① will : 반드시 ~ 한다, 무슨 일이 있어도 ~ 하려고 한다

 In Korea, it will rain in July. (한국에서는 7월에 비가 옵니다.)

 이처럼 '반드시 일어나는' 당연한 일에 대해서도 will을 사용합니다. 원래는 '절대로 ~ 하고 싶다'는 의지를 표명할 때 사용하던 will인데, 오랜 역사 속에서 '~ 하고 싶다' 부분은 의미가 희미해지고 '절대로 ~ 한다'를 의미하는 부분만 남았습니다.

제1장
기 영어의
본 구조

제2장
시
제

제3장
파 동
생 사
된 에
문 서
법

제4장
만 조
들 합
어 하
진 여
문법

제5장
영문법 틀리기 쉬운

② will often : 자주 ~ 한다

He will often come here. (그는 자주 여기에 옵니다.)

사람들은 무엇인가를 하려고 할 때 반드시 '~ 하고 싶다', '~ 하자'는 의지에 따라 행동합니다. 따라서 일상적인 행위에 대해서 표현할 때도 will을 사용합니다.

③ won't : 무슨 일이 있어도 ~ 하지 않는다

This door won't open. (이 문이 아무리 해도 열리지 않습니다.)
　　　　　(will not)

③은 ① '반드시 ~ 한다'를 부정형으로 만든 형태입니다. 여기서도 의지의 의미가 희미해지고 문처럼 의지가 없는 사물을 주어로도 사용합니다.

won't는 'will not'의 생략형인데, 왜 don't(＝do not)처럼 willn't가 되지 않을까요?

수많은 설이 있지만 '발음의 용이성에 따라 won't가 되었다'는 설이 쉽게 와닿습니다. 영어 역사 속에서 실제로 willn't(윌른트)를 사용하던 시기가 있었습니다. 그런데 문장 중간에 등장하면 말문이 턱 막히다 보니 오랫동안 사용하는 과정에서 '원트'라고 발음을 늘리게 되었다고 합니다.

또 다른 설에서도 역시 말하기 쉽도록 'will not'의 철자에서 i와 l이 생략되어 'wnot'이 되었다가 n과 o가 뒤바뀌어 won't가 되었다고 합니다. 일본어에서도 예를 들면 '분위기(훙이키)'는 발음이 어려워서 종종 '후잉키'로 발음이 뒤집히기도 합니다. 일본어는 '분'과 '위'가 한 자로 나누어져 있어서 무조건 '훙이'라고 발음해야 합니다. 하지만 영어는 단순한 알파벳의 조합이기 때문에 발음하기 쉬운 won't로 자연스럽게 바뀌었다고 여겨집니다.

will의 과거형 'would'의 용법

다음은 will의 과거형 would를 살펴봅시다.

would는 can의 과거형 could와 같은 'ould' 형태인데, 원래는 ould가 과거를 나타내는 부분이었던 데서 유래했습니다.

오른쪽 그림과 같이 will은 '현재부터 미래'라는 의미로 쓰이는데, **would는 '과거의 어느 한 점부터 미래'**를 나타냅니다. **'대과거부터 과거' 외에도 '과거부터 현재보다 미래'까지 포함**할 수 있습니다.

① would : ~ 할 생각이었다(과거)

I would come here last night. (저는 어젯밤에 여기에 올 생각이었습니다.)

I would go to the cinema with you tomorrow, if you had asked me yesterday.

(어제 초대해주었다면, 저는 당신과 내일 영화관에 갈 생각이었습니다.)

먼저 ①은 will의 단순한 과거를 표현하는 용법입니다. 오른쪽 그림의 '대과거'를 기점으로 '과거'나 '현재보다 미래' 시점에서 무엇을 할 생각이었는지를 서술하고 있습니다.

② would : ~ 할 것이다(현재·미래)

He would run fast with those shoes.

(그는 저 신발로 빨리 달릴 수 있을 것입니다.)

②는 또 다른 would 용법으로, '확정되지 않은 미래를 애매하게 표현하는' 형태입니다. 이 용법은 과거와는 전혀 관계없이 **어디까지나 앞일에 관해 이야기하는 용법**임에 주의합시다.

③ would often : ~ 했었다

I would often fish in this river. (나는 자주 이 강에서 낚시를 했었다.)

'would often'은 'will often: 자주 ~ 한다'의 단순한 과거형입니다. will은 미래 형태로 사용되는 일이 많아 학교 수업에서는 '미래 = will'로만 가르쳐주고 끝내기도 합니다.

하지만 이러한 용법을 알아두면 will/would를 제대로 구사할 수 있을 것입니다.

그림 3-2 will과 would의 시간축

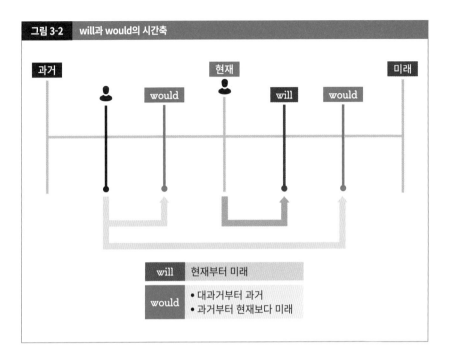

| will | 현재부터 미래 |
| would | • 대과거부터 과거
• 과거부터 현재보다 미래 |

'can'과 'be able to'는 무엇이 다를까?

 애매한 'can'과 'be able to'의 차이

can은 '~ 하는 것이 가능하다'는 의미를 지닌 조동사입니다. 일상 대화에서 굉장히 자주 사용하고 있지요. 학교 수업에서는 can과 같은 의미를 지닌 문구로 'be able to ~'도 배웠을 것입니다.

많은 원어민에게 'can과 be able to의 차이'에 대해 질문해본 적이 있는데, 대부분 '별생각 없이 구분해서 사용하고 있지만 크게 의식하고 있지는 않다'고 대답했습니다.

현대 영어에서 'can과 be able to의 차이'는 매우 모호해지고 있는 듯합니다.

 'can'의 유래

그러나 비즈니스 현장 등에서 정확하게 구분해 사용하려면 차이를 명확히 파악해두어야 합니다. 다음 문장을 살펴봅시다.

① can : (능력상) ~ 할 수 있다

I can swim, but I am not able to swim today, because I have a cold.
(저는 수영을 할 수 있지만, 오늘은 수영할 수 없습니다. 왜냐하면 감기에 걸렸기 때문입니다.)

이 문장을 이해하려면 can의 유래부터 살펴봐야 합니다.

제1장
영어의
기본구조

제2장
시제

제3장
파생된
동사에서
문법

제4장
조합하여
만들어진
문법

제5장
영문법
틀리기
쉬운

can은 원래 고대 영어의 동사 'cunnan(알고 있다)'에서 유래했습니다. 즉 본래 **'can swim'이란 '수영하는 법을 알고 있다(수영하는 방법이 몸에 배어 있다)'**는 의미입니다.

한편 **'be able to ~'는 라틴어의 'habilis(상황상 ~ 할 수 있다)'**라는 단어에서 유래했습니다. 따라서 '(능력상) 수영하는 방법은 알고 있지만(can), 오늘은 감기에 걸려서 (상황상) 수영할 수 없다(be not able to)'와 같이 사용하는 것이 올바른 용법입니다.

다만 제2 언어로 영어를 하는 사람 중에는 구분해서 사용할 수 있는 사람이 그다지 많지 않은 실정입니다. 기본적으로 의사소통만 된다면 성공적인 커뮤니케이션이라고 생각하지만, 올바르게 구사할 줄 알면 더할 나위 없지 않을까요?

'can은 (능력상) ~ 할 수 있다', 'be able to ~는 (상황상) ~ 할 수 있다'로 이해해두면 틀림없을 것입니다.

 '~ 할 수 있다' 이외의 용법

can을 '~ 할 수 있다'라고 번역하는 것은 외우면 그만입니다. 하지만 can에는 '~ 할 수 있다' 이외의 의미도 있으므로 주의해야 합니다.

② can : ~ 할 가능성이 있다

It can rain today. (오늘은 비가 올 가능성이 있습니다.)

비즈니스 통역이나 서면 등 격식 있는 문장이 필요한 상황에서는 ① '~ 할 수 있다'보다도 이런 의미로 사용하는 빈도가 높다고 할 수 있습니다. '~ 할 수 있다'로 번역했을 때 어색하다면, '~ 할 가능성이 있다'라고 번역해봅시다.

③ ~ 해도 좋다

You can eat all those pizzas. (그 피자들을 다 드셔도 돼요.)

원래 '(능력상) ~ 할 수 있다'라고 하던 문장이 오랜 세월이 지나면서 '(가능하다면) ~ 해도 돼'라는 용법을 거쳐 '~ 해도 된다'라는 의미가 남았습니다.

　이러한 용법은 뒤에 설명하는 'may'와 비슷한데, can도 똑같은 방법으로 사용할 수 있습니다.

 ## 과거형 'could'의 두 가지 용법

can의 과거형 could도 will과 마찬가지로 단순히 can의 과거형으로서 사용합니다.

① could : ~ 할 수 있었다

　I could pass the exam. (저는 그 시험에 합격할 수 있었습니다.)

단순히 can의 과거형으로서 '~ 할 수 있었다'는 의미로 사용하는 용법입니다.

② could : ~ 할 수 있을 것이다(완곡)/~ 할 가능성이 있을 것이다

　We could arrive at the station by ten.

　(10시에는 역에 도착할 수 있을 것이다.)

　It could rain tomorrow. (내일은 비가 올 가능성이 있을 것이다.)

'It can rain.'은 '비가 올 가능성이 있다.'는 의미였지만, could를 사용하면 '가능성이 있을 것이다'로, 다소 단정하는 정도가 약해집니다.

사실 **많은 언어에서 '과거형을 사용하면 뉘앙스가 누그러지는' 현상이 일어나고 있습니다.** 예를 들면 우리말에서도 '괜찮았습니까?'와 같이 뉘앙스가 누그러진다는 생각에 과거형을 사용하기도 합니다(올바른 우리말인가 하는 문제는 차치하고). 인간의 본능적인 반응이라고 생각되지만, 아직 정확한 원인은 밝혀지지 않았습니다.

　또 다른 설에 따르면 '가정법의 시제 낮추기' 이론과 마찬가지로 시제를 낮추면 입장이 한 단계 낮아지면서 뉘앙스가 누그러진다고 합니다.

왜 'can'에는 3인칭 단수 현재형 s가 붙지 않을까?

이상으로 can의 용법에 대해 살펴보았습니다. 다만 아직도 '왜 can은 3인칭 단수 현재형에서 활용하지 않는가?' 하는 의문이 남아 있습니다.

앞에서 한 번 설명한 바와 같이 원래 can은 고대 영어 'cunnan(알고 있다)'이라는 단어에서 유래했습니다. 그런데 이 단어는 다른 일반 동사와는 다른 체계에서 온 말입니다. 아주 간단하게 설명하자면 '3인칭 단수 현재형 s'에 해당하는 활용을 하지 않던 단어입니다. 그렇기에 '3인칭 단수 현재형 s' 규칙이 완전히 만들어지기 전부터 활용한다는 개념에서 아예 벗어나 있었습니다.

오래된 문헌 중에는 실수로 '3인칭 단수 현재형 s'를 붙여 cans로 표기한 예도 존재하지만, 결국 도태되어 현재에 이르렀습니다.

제1장
영어의 기본 구조

제2장
시제

제3장
동사에서 파생된 문법

제4장
조합하여 만들어진 문법

제5장
틀리기 쉬운 명문법

'may'는 신을 의식한 말

 'may'의 어원은 '신'

may는 can처럼 '~ 해도 좋다'라는 의미를 지닙니다. may는 수수께끼가 많은 조동사로, 크게 '~ 해도 좋다', '~ 일 수도 있다', 그리고 '~ 이기를 바란다'라는 세 가지 용법이 있습니다. 언뜻 보면 공통점이 없어 보입니다. may는 왜 이렇게 의미가 제각각일까요?

그 답은 어원에서 찾을 수 있습니다. may의 어원은 라틴어로, 고대 로마의 신인 'Maius(마이우스)'에서 유래해 나중에는 '힘을 부여하다'라는 의미로 쓰이게 됩니다.

마이우스는 풍요를 관장하는 신인데, 당시 산업은 모두 농업에 좌우되었습니다. 따라서 풍요의 신은 그 나라와 사람에게 힘을 하사하는 존재였습니다. 이러한 배경으로부터 '마이우스라는 힘을 가진 신의 이름으로 힘을 부여하다'라는 뉘앙스로 may를 사용하게 되었습니다.

또 may는 게르만어 mæg가 어원이라는 설도 있는데, 이는 'have power'라는 의미입니다. 어느 설이 옳든 간에 '힘'에 관계된 어원에서 비롯된 말이라고 할 수 있습니다.

 'may'에는 세 가지 용법이 있다

may의 실제 용법과 그 개념에 대해 자세히 살펴봅시다.

① may ~ : ~ 해도 좋다

You **may** come in. (들어와도 좋아요.)

제1장
영어의 기본 구조

제2장
시제

제3장
파생사에서 동문법

제4장
조합하여 만들어진 문법

제5장
틀리기 쉬운 영문법

조금 명령하는 듯한 느낌이 드는 표현입니다. 이는 원래 '들어올 힘을 부여한다'는 뉘앙스가 담겨 있었기 때문입니다. 원래 신의 존재를 전제로 한 표현이라고 할 수 있습니다.

② may ~ : ~ 일지도 모른다

He **may** come here. (그는 여기에 올지도 모릅니다.)

'신에게 부탁하면 여기에 올지도 모른다'는 의미를 담고 있습니다. 신의 존재를 의식한 종교적인 표현으로 생각됩니다.

③ May ~ : ~ 이기를 바란다(기원문)

May the force be with you! (포스가 함께하기를!)

영화 〈스타워즈〉 시리즈에 등장하는 유명한 대사입니다. 'May, the force be with you.' 이처럼 May에서 한 번 끊어주고 있습니다. 이를 '문장 앞에서 신(풍작의 신)을 부르는 것'으로 해석하기도 합니다.

어디까지나 어원을 바탕으로 (〈스타워즈〉의 세계관과는 별개로) 해석하자면 '신이시여, 포스가 당신과 함께하기를'이라는 뉘앙스가 담긴 문장입니다.

이처럼 언뜻 보면 may의 세 가지 의미 '~ 해도 좋다', '~ 일지도 모른다', '~ 이기를 바란다'는 서로 관련이 없는 듯 보이지만, 사실은 모두 '신에 대한 의식'이 작용하고 있습니다.

참고로 ③ 예문에서 원형 'be'를 사용했는데, 이를 단순히 조동사 may 다음이어서 원형을 사용했다고 해석하는 외에도, '신이라는 절대적인 존재에게 호소하고 있기 때문'이라고 해석하기도 합니다. 즉 신은 과거부터 미래에 이르기까지 일관되게 변화하지 않는 절대적인 존재이므로 신에 대해서는 언제나 동사 원형을 사용한다는 해석법도 존재합니다.

 ### 과거형 'might'는 '과거'가 아니다!

다음은 may의 과거형 **might**를 살펴봅시다.

would와 could의 첫 번째 용법으로 '단순한 과거형'이 있었습니다. 예를 들어 may라면 '~ 일지도 몰랐다'라는 용법부터 떠올릴지도 모릅니다. 그러나 **may의 과거형 might는 특수해 '단순한 과거형'으로는 사용하지 않습니다. '시제 낮추기를 통해 뉘앙스를 누그러뜨리기' 위해 사용합니다.**

might ~ : ~ 일지도 몰라요

He **might** come here. (그는 여기에 올지도 몰라요.)

예전에 '~ 일지도 몰랐다'는 식으로 사용되었던 기록도 있지만, 오랜 역사를 거치면서 더는 이런 의미로 쓰이지 않게 되었습니다.

might에는 would와 could에서도 사용된 '과거형으로 뉘앙스를 누그러뜨리는' 용법만 남아 **may의 의미 '~ 일지도 모른다'를 약하게 만들고 싶을 때 사용합니다.**

might의 파생어도 '힘'에 관계되어 있다

may의 과거형인 might도 may의 원래 의미에 담겨 있던 '힘을 부여하다'라는 뉘앙스를 이어받았습니다. 예를 들면 형용사인 mighty는 strong보다 더 강한 말로, 압도적인 힘이 있다는 뉘앙스로 사용됩니다.

The pen is **mightier** than the sword. (펜은 칼보다 강하다.)

이 문장은 '정보는 폭력보다 사람들에게 더 큰 영향을 준다'고 가리키는 명언으로 널리 알려져 있습니다(문장에서 사용된 '비교'에 관해서는 뒤에 설명하겠습니다). 이때 mighty는 '펜은 칼을 지배하는 힘이 있다'처럼 다른 사람을 압도하는 힘이 있다는 의미로 쓰였습니다. mighty도 어원인 may처럼 '신의 힘'과 같은 종교적 의미를 지닙니다.

almighty는 mighty를 더욱 발전시킨 단어입니다. 이 단어는 'all + mighty' 조합으로 이루어져 있으며, '전능한'이라는 의미를 지닌 형용사입니다. almighty에는 신에게 사용할 때 쓰는 재미있는 용법이 있습니다.

일찍이 마틴 루서 킹 목사가 유명한 'I Have a Dream. (나에게는 꿈이 있다.)' 연설을 마무리하며 다음과 같은 말을 남겼습니다.

Thank God Almighty, we are free at last!
(전능한 신이시여, 감사합니다. 우리는 드디어 자유로워졌습니다!)

형용사 Almighty가 명사인 God 뒤에 왔다는 점에 주목해야 합니다. 왜 이런 순서가 되었는가 하면, '신(God)은 최고의 존재이자 모든 것을 아래에 거느릴 수 있는 존재이기에 형용사조차 앞에 붙일 수 없다'는 생각에서 유래되었다고 합니다.

이처럼 may에 얽힌 역사를 살펴보면 영어에 숨겨진 웅장한 종교관을 느낄 수 있습니다.

제1장
영어의 기본구조

제2장
시제

제3장
파생된 동사에서 문법

제4장
조합하여 만들어진 문법

제5장
영문법 틀리기 쉬운

'must'와 'have to'는 어원으로 이해한다

 'must'와 'have to'의 차이점

must는 '~ 해야 한다'는 의미로 배우는 조동사입니다. 같은 의미를 지닌 말로 have to가 있습니다.

원어민에게 둘의 차이점을 물어도 '거의 같다'고 대답하는 사람이 압도적으로 많습니다. 하지만 엄밀히 말하면 차이가 있습니다. 그럼 두 표현의 '미묘한' 차이점을 살펴봅시다.

① must : ~ 해야 한다

I must study more. (나는 더 공부해야 한다.) → **주관적**

We have to pay tax. (우리는 납세해야 한다.) → **객관적**

must는 **'자신이 해야 한다고 생각하는 것'**이지만 have to는 **'누가 봐도 해야 할 것'**을 가리킵니다. 이 차이는 must의 어원인 고대 영어 'mōtan(〈자신의 의사로〉 ~ 해야 한다)'의 과거형 'moste'에서 온 것입니다.

'We must pay tax.'라고 하면 '우리는 납세를 (자신의 의사로) 해야 한다.'가 되어버립니다. 그래서 대신 have to를 사용한 것입니다. have 뒤에 온 'to + 동사'는 'Where to go? (어디로 가야 합니까?)'처럼 **'to do'**만 써도 **'~ 해야 한다'**는 의미를 지닙니다. 'have to do'는 본래 **'have/to do'로 나누어 해석해야 하며, '할 일(to do)을 가지고 있다(have)'는 숨은 뉘앙스를 가진 문구**입니다.

제1장
영어의
기본구조

제2장
시제

제3장
파생된
문법
에서
동사

제4장
조합하여
만들어진
문법

제5장
영문법이
쉬운
틀리기

② must : ~ 할 것이 틀림없다

He **must** win the game. (그는 그 경기에서 이길 것이 틀림없다.)

이와 같은 must의 용법은 언뜻 보면 '~ 해야 한다'는 ①의 용법과 크게 다릅니다. 하지만 고대 영어 'moste(~ 하는 것을 허락받았다)'의 의미를 생각해보면 **'그는 그 경기에서 이기는 것을 (신에게) 허락받았다'**는 숨은 뉘앙스가 담긴 문장임을 알 수 있습니다.

사용하는 과정에서 '신에게 허락받았다'는 뉘앙스가 희미해지고 '그럴 것이 틀림없다'는 의미만 남았습니다.

'must' 부정문의 주의점

must의 용법에는 부정문을 만들 때 주의해야 할 점이 있습니다.

must not ~ : ~ 해서는 안 된다/don't have to ~ : ~ 하지 않아도 된다

【긍정】 You **must go** home. (너는 집에 가야 한다.)

【부정】 You **don't have to go** home. (너는 집에 가지 않아도 된다.)

【금지】 You **must not go** home. / **Do not(Don't) go** home.

　　　 (너는 집에 가서는 안 된다.)

must의 원래 뜻은 '~ 하는 것을 허락받았다'였으므로 must not은 '~ 해서는 안 된다(~ 하는 것을 허락받지 않았다)'는 금지의 의미로 남게 되었습니다. 한편, 현대의 must(~ 하지 않으면 안 된다)의 반대말로 적절한 의미는 '~ 하지 않아도 된다'이므로, must not을 사용하면 뉘앙스가 달라지고 맙니다.

따라서 현대에서는 부정할 때 have to의 부정형인 don't have to ~('객관적으로' 할 필요가 없다 → ~ 하지 않아도 된다)를 사용합니다.

'should'에도 '종교적 관점'이 있다

 'should'에는 크게 두 가지 의미가 있다

앞서 may가 '신을 의식한 조동사'라고 설명했습니다. 한국어로 '~ 해야 한다'로 번역한다고 배우는 **should**도 비슷한 배경을 지닌 단어입니다.

① should ~ : ~ 해야 한다

You should read this book. (당신은 이 책을 읽어야 한다.)

대부분 '~ 해야 한다'는 용법은 이미 잘 알고 있을 것입니다. 그러나 다음에 소개할 용법은 의외로 모르는 사람이 많지 않을까요?

② should ~ : ~ 할 것이다

He should come to see you. (그는 너를 만나러 올 거야.)

이처럼 should에는 '~ 할 것이다'라는 용법이 있습니다. should를 ①보다 ② 용법으로 사용하는 경우가 더 많을지도 모릅니다. ② 용법을 모르면 '그는 너를 만나러 와야 한다'고 번역해버릴 것입니다. 일본 학교에서는 일상 대화에서 자주 사용하는 ②가 아닌 ① 용법을 강조해서 가르치는데, 그 이유는 전통적으로 일본 영어 교육의 바탕을 이루는 것이 '논문 영어'이기 때문이 아닐까 합니다. 그 밖에도 ① '~ 해야 한다'와 ② '~ 할 것이다'라는 의미의 연관성을 설명하기 어려워서 그럴 수도 있습니다.

제1장
영어의
기본
구조

제2장
시제

제3장
파생된
동사에서
문법

제4장
조합하여
만들어진
문법

제5장
영문법
틀리기
쉬운

 사실 종교적 의미를 담고 있던 'should'

should에 두 가지 의미가 담긴 이유는 may와 마찬가지로 **'신을 의식한 단어'**이기 때문입니다. should의 어원은 고대 영어인 'sceal(맡다/의무가 있다)'입니다. 종교와 생활이 매우 밀접했던 고대 영어 시대에 '(신에 의해) 의무화되어 있다'는 종교적인 의미를 담아 사용되었습니다. 즉 **두 가지 의미에는 '신에 의해 의무화되어 있다'는 숨은 뉘앙스가 있었던 것입니다.** 그러다가 오랜 세월이 지나면서 '신에 의해'라는 뉘앙스가 희미해지면서 현대 영어의 형태로 남은 것입니다.

그런 관점에서 should를 살펴보면 ①은 '(신에 의해 의무화되어 있으니) ~ 해야 한다', ②는 '(신에 의해 의무화되어 있으니) ~ 할 것이다'라는 공통점이 분명히 존재함을 알 수 있습니다.

 should는 'shall을 누그러뜨린 표현'

①에서 소개한 '~ 해야 한다'는 'shall을 과거형으로 만들어 누그러뜨린 표현'으로 해석할 수 있습니다. 원래 어원에서도 should는 shall의 과거형이었지만 현재는 '~ 했어야 한다'와 같은 '단순한 과거' 용법은 존재하지 않습니다.

미래형 항목에서 shall을 1인칭에서 '강한 의지 미래', 2인칭과 3인칭에서 '운명적인 미래'를 나타낸다고 소개했습니다. should는 이러한 **shall을 과거형으로 만들어 의미를 약하게 만든 것입니다.**

You shall respect others. (너는 다른 사람을 존중하게 될 것이다.)
→ You should respect others. (너는 다른 사람을 존중해야 해.)

이처럼 신을 전제로 한 '(운명적으로) ~ 하게 된다'는 뉘앙스를 누그러뜨린 결과 '~ 해야 한다'는 인간 관점에서 본 표현으로서 자리 잡은 것으로 생각됩니다.

'to 부정사'의 용법을 하나로 합쳐서 이해하는 방법

 to 부정사를 배우는 '일반적인' 방법 복습하기

조동사 뒤에는 반드시 동사 원형을 둔다는 규칙이 있었습니다. 반드시 동사 원형을 두는 또 다른 사용법으로 'to 부정사'를 들 수 있습니다.

　to 부정사란, to do처럼 'to + 동사 원형'으로 사용하는 말인데, 학교에서는 '명사적 용법', '형용사적 용법', '부사적 용법', 이렇게 세 가지로 나누어 배웠을 것입니다.

　먼저 부정사부터 복습해봅시다.

① 【명사적 용법(~ 하는 것)】 → 목적어가 된다

　I **like** to play the guitar. (저는 기타 치는 것을 **좋아합니다**.)

　이 용법에서는 기타 **'치는 것'을 좋아한다**와 같이 like(좋아하다)의 대상으로 to 부정사 'to play'가 사용되었습니다. 명사처럼 '~ 하는 것'으로 쓰이기 때문에 이를 명사적 용법이라고 부릅니다.

② 【형용사적 용법】 → 명사를 설명한다

　He wants **some water** to drink. (그는 마시기 위한 **물**을 원합니다.)

　여기서는 **'마시기 위한'** 물을 원한다처럼 'to drink'가 명사 water를 수식하기 위한 말로 사용되었습니다. 명사를 수식하는 것은 형용사의 역할이므로 형용사적 용법이라고 부릅니다.

제1장
영어의 기본 구조

제2장
시제

제3장
동사에서 파생된 문법

제4장
조합하여 만들어진 문법

제5장
틀리기 쉬운 영문법

③ 【부사적 용법】 → 서술어를 설명한다

He **came to say** good-bye to us. (그는 우리에게 작별을 고하기 위해 **왔다**.)

부사적 용법은 형용사적 용법의 서술어 버전입니다. 이 문장에서는 이별을 **'고하기 위해' 왔다**처럼 서술어인 came(왔다)을 수식하는 역할로 'to say'가 사용되었습니다.

이상이 영어를 학습할 때 배우는 'to 부정사의 일반적인 해석법'입니다.

 진정한 뉘앙스는 '~ 하는 것에 대하여(향하여)'

사실 to 부정사의 숨은 뉘앙스를 알면 이러한 용법들을 모두 하나로 합쳐서 이해할 수 있습니다. to 부정사의 본래 뉘앙스를 바탕으로 이 용법들을 재검토해봅시다.

학교 수업에서는 'to 부정사의 to'는 go to ~ 등과 같은 일반적인 전치사의 용법과 구별된 '예외적인 용법'으로 취급합니다. 하지만 영어의 역사를 살펴보면 사실 고대 영어 시대에는 일반적인 전치사처럼 사용되었음을 알 수 있습니다. 고대 영어 시대에 'to + 동사 원형'은 다음과 같은 형태로 존재했습니다.

〈고대 영어〉　　　to　　　＋　　　동사 원형

(전치사)　　　~에 대하여　　　　(명사) ~ 하는 것

　　　　　　　~를 향하여

당시 to는 '투'가 아니라 '토'로 발음했는데, 현대에서 쓰이는 의미인 '~에 대하여/~를 향하여'와 같은 의미였습니다.

한편 '동사 원형'은 지금까지 설명했듯이 원형 단독으로 '~ 하는 것'이라는 명사로 쓰였습니다. 즉 to 부정사란 원래 'to + 동사의 명사형'이었다고 할 수 있습니다. 그 말인즉슨 **to 부정사는 '~ 하는 것에 대하여/향하여'**라는 '전치사 + 명사'가 본래의 형태였던 것입니다.

'~ 하는 것에 대하여/향하여' 하나로 모두 해석할 수 있다!

그럼 고대 영어에서 본 to 부정사의 본래 의미인 '~ 하는 것에 대하여/향하여'를 바탕으로 앞의 세 가지 용법을 살펴보도록 하겠습니다.

①【명사적 용법(~ 하는 것)】 → ~ 하는 것에 대하여

I like **to play** the guitar.

(저는 기타를 치는 것에 대하여 **좋아하는 마음이 있습니다.**)

이는 본래의 의미에 가까운 해석이 가능한 용법입니다. 여기서 to에는 '**like(좋아하다)라는 동사가 play라는 방향으로 향하고 있다**'를 의미하는 '방향을 나타내는 전치사 to'의 의미가 있습니다.

②【형용사적 용법】 → 명사를 설명한다

He wants **some water** to drink. (그는 마시기 위한 물을 원합니다.)

이는 '**drink(마시다)라는 미래의 행동을 위한 물(some water)'을 wants(원하다)**라는 의미입니다. 해석이 조금 어렵지만 '마시는 것을 향하고 있다'라는 고대 영어의 'to + 동사 원형'과 같은 뉘앙스로 이해할 수 있습니다.

③【부사적 용법】 → 서술어를 설명한다

He **came** to say good-bye to us. (그는 우리에게 작별을 고하기 위해 왔다.)

이 용법 역시 '**이별을 고한다(say good-bye)는 행동을 향해 왔다(came)**'고 이해할 수 있습니다.

이처럼 to 부정사를 본래의 의미인 '**~ 하는 것에 대하여/~ 하는 것을 향하여**'라는 의미로 **기억해두면 세 가지 용법을 하나로 합쳐서 이해할 수 있습니다.**

②, ③과 같이 'to + 동사 원형'에는 **조금 앞의 미래를 나타내는 뉘앙스가 있습니다.** 영어권 신문에서는 전날 막 일어난 일에 대해서는 현재형으로 헤드라인을 쓴다는 암묵적인 규칙이 있습니다. 반대로 조금 앞의 일에 대해서는 다음과 같이 to 부정사를 사용합니다.

U.S. President **to visit** Korea. (미국 대통령이 한국을 방문할 [예정])

to 부정사의 본래 의미에서 비롯되어 **'조금 앞의 행동'이라는 숨겨진 뉘앙스가 있다**는 점도 기억해두도록 합시다.

 왜 '부정사'라고 부를까?

문법책에 반드시 등장하는 중요한 용법인데도 부정사라는 명칭의 유래는 잘 알려지지 않았습니다. 먼저 그 유래부터 알아봅시다.

I **go** to the station **to see** my friend.
(저는 친구를 만나기 위해 역에 **갑니다**.)
He **goes** to the station **to see** his friend.
(그는 친구를 만나기 위해 역에 **갑니다**.)

서술어 역할을 하는 go는 '3인칭일 때 goes'와 같이 주어에 따라 형태가 한정되어 있습니다.

반면에 'to see'는 주어가 1인칭이든 3인칭이든 to see로 쓰이며 주어에 따라 형태가 한정되지 않습니다. 즉 **'주어에 따라 형태가 한정되지 않는(변화하지 않는) 말'이라는 의미에서 '부정사'라고 부릅니다.**

제1장
영어의 기본 구조

제2장
시제

제3장
파생사에서 문법

제4장
조합하여 만들어진 문법

제5장
영문법 틀리기 쉬운

'be to 구문'은 '엄밀'하게 번역해서는 안 된다

 잘못투성이인 'be to 구문' 사용법

학교 수업에서는 to 부정사 사용법을 배운 다음에 **'be to 구문'**을 배웁니다. be to 구문이란 다음과 같은 문장을 말합니다.

주어＋be 동사＋to＋동사 원형

She is to study Spanish on this afternoon.

(오늘 오후에 그녀는 스페인어를 공부하지 않으면 안 됩니다.)

일반적으로 학교에서는 다음과 같이 배웁니다. "여기서 is to는 조동사 역할을 합니다. will (예정·의지), can(가능), must(의무), should(운명) 중 어느 하나의 의미로 사용하죠."

이를 배우고 나면 시험에서 '여기서 사용한 is to는 다음 중 어떤 용법인가?'를 묻는 문제가 종종 나오기도 합니다. 하지만 절대로 이렇게 배워서는 안 됩니다. **'be to 구문'은 영문법 중에서 가장 엉성한 문법**이기 때문입니다.

한국의 영어 교육은 시험을 보기 위해 배운다는 측면이 강해서 아무래도 '하나의 정답'을 추구하는 경향을 보입니다. 그러나 언어란 어디까지나 커뮤니케이션을 위한 도구입니다. 정답이 하나라고만은 할 수 없습니다. 특히 be to 구문은 성립된 역사를 바탕으로 살펴보면 얼마나 엉성한 문법이었는지 알 수 있습니다.

노르만인에 의해 만들어진 'be to 구문'

제1장
영어의
기본 구조

제2장
시제

제3장
파생 동사에서 된 문법

제4장
만들어진 문법 조합하여

제5장
영문법 틀리기 쉬운

be to 구문의 시작은 1066년 노르만인 정복까지 거슬러 올라갑니다.

앞서 이야기했던 것처럼 프랑스 북부 노르망디 지방의 군주들이 브리튼 섬 남부 지역을 정복하면서 노르만인들이 당시 영국인들을 지배하에 두게 됩니다. 보통 전쟁의 승자가 패자를 지배하에 두고 자신들의 언어로 상대를 지배합니다. 그러나 노르만인들이 사용하던 고대 프랑스어는 문법이 매우 복잡해서 영국인들에게 전혀 보급되지 않았습니다. 이대로는 통치가 어렵겠다고 생각한 노르만인들은 문법이 간단한 고대 영어를 배워 고대 영어와 고대 프랑스어를 섞어가며 지배하게 됩니다. 이것이 고대 영어와 고대 프랑스어가 섞여 중세 영어가 성립된 이유입니다. 그리고 동시에 만들어진 것이 바로 be to 구문입니다.

지배층 노르만인들은 피지배자들이 사용하는 고대 영어를 제대로 배울 생각이 없었습니다. 그 경향은 be going to(will), be able to(can), be supposed to(shall)와 같은 'be ~ to + 동사' 용법을 구사하는 관용구에서 현저하게 나타났습니다. 노르만인들은 going이나 able, supposed와 같은 단어를 구분해 사용하기 귀찮다는 생각에 가운데 단어를 생략하기로 합니다.

be going to와 be able to, be supposed to와 같은 표현에서 한가운데에 둔 단어를 모두 생략하고 'be to + 동사'로 통일했습니다. 즉 **be to 구문은 노르만인의 태만함에서 비롯된 것**이었습니다. 그렇기에 **be to 구문에는 going과 able, suppose 등의 의미가 혼재**되어 있습니다.

현대 영어에서는 일상 대화에서 그다지 사용하지 않는 오래된 표현인데, 반대로 이를 이용해 모호하게 말함으로써 다섯 가지 용법의 의미가 서로 섞인 뉘앙스를 가진 문장으로 만들어 사용하는 경향도 있습니다.

be to 구문은 결코 '어떤 용법이 적절한가?' 특정하는 것이 아니라 '뉘앙스로 읽어야' 올바른 문장입니다.

동사를 형용사로 사용하는 '분사'

 분사는 '형용사로 사용하고 싶은 동사'

to 부정사에서는 'to + 동사 원형'을 명사나 형용사, 부사처럼 사용할 수 있는 방법을 소개했습니다. 이번에는 비슷한 용법으로 분사를 소개하고자 합니다.

분사에는 '현재분사'와 '과거분사', 두 종류가 있습니다. 결론부터 말하면 **'분사는 동사를 형용사로 사용하기 위한 문법'**입니다.

'분사'는 '동사에 형용사의 의미를 나누어(分: 나눌 분) 준 품사'라는 뜻에서 붙여진 이름입니다. 좀처럼 알아채기 어려운 이름이지요. 개인적으로는 '동형용사'라고 부르는 편이 이해하기 쉽다고 생각합니다.

현재분사의 형태는 '동사의 ing형'으로 통일되어 있는데, 과거분사에는 '동사 + ed'의 규칙 동사와 고유한 활용형이 있는 불규칙 동사가 있습니다. 과거형을 살펴보며 이야기했듯이 원래 불규칙했던 동사들을 간략화하기 위해서 ed를 붙이면서 규칙 동사와 불규칙 동사가 존재하게 되었습니다. 그중에서 이미 널리 사용되고 있어서 바꿀 수 없었던 것들이 불규칙 동사로 남았습니다.

'현재분사(present participle)'와 '과거분사(past participle)'라는 명칭은 그 의미에서 유래되었습니다. 현재분사는 '~ 하고 있다…/~ 하면서…'와 같이 '그 순간에 무엇을 하고 있는가'를 나타내기에 붙여진 이름입니다.

한편, 과거분사는 '~ 되었다…'와 같이 과거의 뉘앙스가 있어서 현재분사에 맞추어 다소 억지스럽게 과거분사라고 부르고 있습니다. 이러한 명칭은 문법적으로 그다지 중요하지 않습니다.

제1장
영어의
기본
구조

제2장
시제

제3장
동사에서
파생된
문법

제4장
조합하여
만들어진
문법

제5장
영문법
틀리기
쉬운

 ## 분사는 각각 네 가지 용법으로 등장한다

그럼 분사는 어떠한 때 사용하는지 살펴봅시다.

현재분사

형용사 용법   서술적 용법   진행형   분사 구문

과거분사

형용사 용법   서술적 용법   수동태   완료형

이처럼 각 분사는 각각 네 가지 용법으로 쓰이는데, 여기서는 '형용사 용법'과 '서술적 용법'에 관해 설명하겠습니다.

'진행형'과 '완료형'에 관해서는 시제를 살펴볼 때 이미 소개했습니다. '수동태'에 관해서는 제4장, '분사 구문'에 관해서는 제5장에서 각각 다시 살펴보겠습니다.

 ## 분사를 사용해 명사를 수식한다

그럼 분사를 형용사로 사용하는 '형용사 용법'에 대해서 알아봅시다.

형용사 용법에서는 현재분사와 과거분사를 각각 다음과 같이 사용합니다.

현재분사

Do you know the **crying girl**? (그 울고 있는 **소녀**를 아십니까?)

Do you know the **girl crying on the bench**?

(그 벤치에서 울고 있는 **소녀**를 아십니까?)

Look at the broken window. (그 부서진 **창문을** 보세요.)

Look at the window broken by him. (그에 의해 부서진 **창문을** 보세요.)

현재분사에서는 동사의 ing형이 '~ 하다/~ 하고 있다/~ 하면서'라는 의미로 사용되고, '울고 있는 **소녀**'처럼 명사인 girl을 수식합니다.

과거분사도 마찬가지로 '~ 되다/~ 되었다/~ 되고 있다'는 의미로 쓰이며, '부서진 **창**'과 같이 명사인 window를 수식합니다.

 명사 앞에 둘까, 뒤에 둘까

분사를 사용할 때는 분사를 명사의 '앞에 둘 것인가, 뒤에 둘 것인가' 하는 문제에 주의해야 합니다.

앞의 예문을 보면, 기본적으로 분사 단독으로 명사를 직접 수식하는 경우,

Do you know the crying **girl**?

Look at the broken **window**.

이처럼 명사 바로 앞에 분사를 둡니다. 한편, 형용사구(단어의 모임)가 명사를 수식할 때는 다음과 같이 명사 뒤에 둡니다.

Do you know the **girl** crying **on the bench**?

Look at the **window** broken **by him**.

어떻게 구분해야 할지는 **'어절'**(여기서 어절이란, 띄어쓰기의 단위가 아닌 글을 부자연스럽지 않을 정도로 구분한 최소 단위-옮긴이)**로 나누어보고 '어절이 두 개 이상이면 명사 뒤에 둔다'**는 느낌으로 생각하면 쉽게 감을 잡을 수 있을 것입니다.

그림 3-3	어절이 두 개 이상이면 분사는 명사 뒤에 둔다

현재분사

Do you know the crying girl?

Do you know the girl crying on the bench?

과거분사

Look at the broken window.

Look at the window broken by him.

어절은 어미에 '서'를 붙이면서 나누어보는 방법으로 판별할 수 있습니다.

분사를 명사 앞에 두는 경우

(the) crying (girl) (울고 있어[서]) → 1어절

(the) broken (window) (부서져[서]) → 1어절

분사를 명사 뒤에 두는 경우

(the girl) crying on the bench

(벤치에[서]/울고 있어[서]) → 2어절

(the window) broken by him

(그에 의해[서]/부서져[서]) → 2어절

어절이 조금 어렵게 다가오는 사람은 **'분사와 함께 쓰는 단어가 두 개 이상일 때는 명사 뒤에 두는'** 편법도 있습니다. 분사로 수식하는 말이 두 어절 이상이 된다는 말은 기본적으로 두 단어 이상의 단어로 만들어야 한다는 뜻이므로 결과적으로 똑같이 구사할 수 있습니다.

실제로 사용하는 상황에서는 어느 쪽으로 외우든 같은 정답이 도출됩니다. 외우기 쉬운 쪽

으로 사용해봅시다.

 분사의 '성질'과 '상태' 구분법(서술적 용법)

형용사 용법 다음으로 서술적 용법에 대해 살펴보도록 하겠습니다. 서술적 용법에서는 다음과 같이 be 동사의 '성질'과 '상태'를 이야기하기 위한 형용사로 사용합니다.

① The movie **was** so boring to me.

(그 영화는 저에게 너무 **지루했습니다**.)

② I **was** so bored when I saw the movie.

(그 영화를 봤을 때 저는 매우 **지루했습니다**.)

bore는 '~를 지루하게 만들다'라는 뜻을 가진 단어인데, 이를 분사로 사용할 때 문장에 따라 '현재분사와 과거분사 중 어느 것을 사용해야 할까?' 하는 문제에 부딪히게 됩니다. 이때는 다음과 같은 두 가지 사항에 따라 구분합니다.

① 현재분사 … 변하지 않는 '성질'

② 과거분사 … 일시적인 '상태'

①에서는 '그 영화'가 '지루하다'는 인식이 '미래에도 변하지 않을 것이다'라는 뉘앙스를 담고 있습니다. 일주일 뒤에 봐도, 1년 뒤에 봐도 아마 지루할 것이라고 단정 짓고 있습니다. 즉 **'그 영화는 지루한 것'이라는, 그 영화의 성질에 관해 이야기하는 문장**입니다. 한편, ②에서는 '그 영화를 봤을 때'에 '자신이 지루했다'는 일시적인 상태를 이야기하고 있습니다. 일주일 후 친구들과 함께 보면 재미있다고 느낄지도 모릅니다. 즉 **'그때는 지루했다'는, 그 시점에서의 상태에 관해 이야기하는 문장**이라고 할 수 있습니다.

interesting이나 interested는 중학교에서 곧잘 형용사로 배우는 단어인데, 분사로서 보면 **원래는 동사인 interest를 형용사화한 것**임을 알 수 있습니다.

'동명사'와 'to 부정사'의 구분법

 'to 부정사'와 '동명사'를 같은 의미로 사용할 수 있는 경우

현재분사와 같은 '동사 + ing'를 사용한 형태로서 이번에는 '동명사'를 소개하겠습니다.

동명사는 이름 그대로 **명사로 쓰는 동사**로, '~ 하는 것'이라는 의미로 사용합니다. 앞에서 말한 분사는 형용사로 사용하므로 '동형용사'라고 생각하면 쉽게 이해될 것입니다.

'명사로 사용하는 동사'는 to 부정사에서도 등장했습니다. 대부분 다음과 같이 to 부정사와 동명사 모두 같은 의미로 사용할 수 있습니다.

> I love to swim. = I love swimming. (나는 수영하는 것을 좋아한다.)
> ★ like(~를 좋아하다), love(~를 사랑하다), hate(~를 혐오하다), start(~를 시
>   작하다), begin(~를 개시하다), continue(~를 계속하다) 등

이처럼 대부분은 부정사가 되었든 동명사가 되었든 '~ 하는 것을 … 하다'라는 의미에는 변함없습니다. 반면 구분해서 사용하지 않으면 의미가 바뀌는 동사도 있으므로 주의해야 합니다.

 to 부정사로만 쓸 수 있는 동사가 가진 '미래' 뉘앙스

동사 중에는 동명사로는 사용하지 않고 to 부정사로만 사용할 수 있는 동사가 존재합니다. 이때 동명사와 함께 사용하면 잘못된 용법이 되므로 주의해야 합니다.

★ hope to(~를 바라다), promise to(~를 약속하다), decide to(~를 결심하다),
choose to(~를 선택하다), plan to(~를 계획하다), agree to(~를 합의하다),
expect to(~를 기대하다) 등

○ I **decided** to go to America. (저는 미국에 가는 것을 **결정했습니다**.)

✕ I **decided** going to America.

to 부정사에는 '~ 하는 것을 향하고 있다'는 **미래를 암시하는 숨은 뉘앙스가 있음**을 떠올려 봅시다. 이러한 숨은 뉘앙스를 주려면 동명사와 구별해야 합니다. **미래의 일 등 아직 일어날지 어떨지 모르는 일에 관해 이야기하는 동사는 to 부정사**로 씁니다.

동명사로만 쓸 수 있는 동사가 가진 '과거' 뉘앙스

반대로 동명사로만 쓸 수 있는 동사도 있습니다.

동명사로만 쓸 수 있는 동사

★ enjoy ~ing(~ 하는 것을 즐기다), finish ~ing(~ 하는 것을 마치다), mind
~ing(~ 하는 것을 신경 쓰다), give up ~ing(~ 하는 것을 포기하다), practice
~ing(~ 하는 것을 연습하다), put off ~ing(~ 하는 것을 연기하다), dislike
~ing(~ 하는 것을 싫어하다) 등

○ I **enjoyed** listening to music. (저는 음악 듣는 것을 **즐겼습니다**.)

✕ I **enjoyed** to listen to music.

to 부정사는 '일어날지 어떨지 모르는 미래에 관한 것'을 표현했습니다. 반면에 동명사는

'일어나리라고 확정된/이미 일어난 것'을 전제로 합니다. 앞 문장에서 enjoy는 '일어난 일'이 아니면 즐길 수도 없습니다.

그 밖에도 finish는 '이미 끝낸 것'을 전제로 삼는 동사이고, mind는 '일어나리라고 확정되어 있는' 것을 '신경 쓰다'라는 동사입니다. like는 to 부정사로도 동명사로도 쓸 수 있지만, 반대말인 dislike는 '이미 일어난 일'을 '싫어하다'라는 동사이므로 동명사로만 쓸 수 있습니다.

이처럼 **to 부정사에는 '일어날지 어떨지 모르는 불확실한 동사'를 사용하고, 동명사에는 '일어나리라고 확정된 동사'를 사용한다는 식으로 구분하는 방법**이 있습니다.

 ## '미래'와 '과거'로 구분해 사용하는 동사

이때 to 부정사와 동명사를 모두 사용할 수 있으면서 의미가 달라지는 동사를 가장 조심해야 합니다. 고등학교 영어 시험 등에서 출제되는 경우가 많은데, 앞서 설명한 to 부정사와 동명사의 구분법을 응용하면 간단히 구사할 줄 알게 됩니다.

① remember(기억하다)/forget(잊다)

I **remember to call** her.

(저는 그녀에게 전화하는 것을 기억하고 있습니다. [미래])

I **remember** calling her.

(저는 그녀에게 전화한 것을 기억하고 있습니다. [과거])

I **forgot to lock** the door. (저는 문을 잠그는 것을 잊고 있었습니다. [미래])

I **forgot** locking the door. (저는 문을 잠근 것을 잊고 있었습니다. [과거])

to 부정사는 '불확정 미래', 동명사는 '확정된 일'이라는 차이를 염두에 두고 생각해봅시다.

to 부정사는 미래의 일을 가리키므로 '~ 하려고 했던 것'을 '기억하고 있다', '잊고 있다'라는 의미가 됩니다. 즉 remember를 to 부정사를 사용해 'remember to ~'라고 하면 '(앞으로 ~ 하는 것)을 기억하고 있다'는 미래를 암시하는 뉘앙스가 포함된 의미를 가집니다. 한편, 동명사 'remember ~ing'는 이미 일어난 일을 전제로 하는 뉘앙스를 가지므로 '(이미 ~ 한 것)을 기억하고 있다'는 의미가 됩니다. 마찬가지로 forgot에도 이러한 구분법을 적용할 수 있습니다.

to 부정사를 사용한 'forgot to ~'는 '(앞으로 ~ 하는 것)을 잊고 있었다'는 미래의 일을 의미합니다. 한편, 동명사를 사용한 'forgot ~ing'는 '~ 한 것을 잊고 있었다'는 과거에 한 일을 전제로 한 의미를 지닙니다.

stop 또한 조심해야 하는 동사 중 하나입니다. 이것도 같은 방식으로 구별하는데, 뉘앙스가 훨씬 더 크게 변해버립니다.

② stop to ~ : ~ 하기 위해 멈추다/stop ~ing : ~를 그만두다

I **stopped** to smoke. (나는 담배를 피우기 위해 **멈추어 섰다**.)
I **stopped** smoking. (나는 담배 피우는 것을 **그만두었다**.)

stop ~ing를 사용할 때도 동명사에는 '이미 한 일'에 대한 뉘앙스가 작용해 '(이미 하던) ~ 하는 것을 그만두었다'는 의미를 지닙니다. 이때는 '(습관화되어 있던) 흡연을 끊었다(금연했다)'는 의미가 됩니다. to 부정사로 사용하면 '앞으로 할 일'이라는 미래를 암시하는 뉘앙스가 작용해 '(이제부터) ~ 하는 것을 향해서 멈췄다'는 의미가 됩니다. stop에는 '멈추어 서다'라는 의미가 있어서 '~ 하기 위해 멈추어 섰다'는 의미를 지니게 됩니다.

언뜻 보면 동명사와 to 부정사를 구분하기가 어려워 보이지만, 숨은 뉘앙스를 이해하면 단어를 하나하나 외울 필요가 없어집니다.

제 4 장

조합하여 만들어진 문법

문법의 '형태'가 만들어진 '이유'를 이해한다

제4장에서는 '구조 문법'인 '비교', '수동태', '사역동사', '관계대명사', '관계부사'에 대해 알아봅시다.

제4장에서 다루는 문법은 특히나 학창 시절에 문법을 이해하지 못하고 공식만 암기하다 끝난 것들이 대부분 아닐까 합니다.

먼저 첫 번째 '비교'는 학교 수업에서 '구조'만 설명하고 암기하라고만 강요하는데, 그 '탄생의 비밀'을 제대로 이해하지 못하면 그때그때 정확하게 사용할 수 없습니다.

다음에 등장하는 '수동태' 역시 학교에서는 '능동태 ↔ 수동태'로 바꾸는 연습만 열심히 시키는데, 수동태의 '탄생의 비밀'을 알면, 올바르게 구사할 수 있게 됩니다.

'사역동사'에 관해서도 학교에서는 공식 암기만 강요하지만, 사실은 굉장히 민감한 뉘앙스를 구분해야 합니다.

'관계사'는 반드시 '관계대명사' ⇒ '관계부사' 순서를 지켜서 배우도록 합시다. 많은 사람이 '관계대명사'와 '관계부사'를 별개로 여기지만, 사실 '관계부사'는 관계대명사를 응용한 것입니다. '관계대명사'를 이해하지 않고서는 '관계부사'가 성립되지 않습니다.

그럼 지금부터 조합을 통해 만들어진 문법들을 살펴봅시다!

제1장
기본 구조
영어의

제2장
시제

제3장
파생된 문법
동사에서

제4장
조합하여
만들어진 문법

제5장
영문법
틀리기 쉬운

그림 4-1　제4장 【조합하여 만들어진 문법】의 흐름도

무엇인가를 비교할 때 사용하는 문법

28 비교

수동적인 문장을 만들 때 사용하는 문법

29 수동태

누군가에게 무엇인가를 시킬/해달라고 할 때 사용하는 문법

30 사역동사

두 문장을 하나로 묶을 때 사용하는 문법

31 관계대명사

관계대명사를 부사로 사용하는 문법

32 관계부사

'비교문'은 단순하게 '직역'으로!

 ## 등호 형태의 '동등비교'

지금까지 시제 감각과 뉘앙스 등 감각에 의존하는 문법을 중심으로 다루었습니다.

제4장에서는 감각 요소가 거의 빠지고 문장의 구성이나 짜임 등 구조를 통해 이해하는 문법에 관해 설명하겠습니다. 여기서도 중요한 것은 **'공식 암기'에 의존하지 않는다는 점**입니다.

지금까지 여러 번 언급했듯이 학교에서 배우는 '공식'의 대부분은 '의역의 한 예'일 뿐입니다. 그렇기에 공식만 암기하면 영어 문장을 억지로 해석할 수는 있어도 우리말을 영어로 바꾸어 문장을 만들 줄은 모르게 됩니다.

먼저 '동등비교'부터 살펴보도록 합시다.

 ## 등호 형태의 '동등비교'의 구조

동등비교란, 'A는 B와 같은 정도로 ~ 하다'라는 문장입니다.

A be as ~ as B : A와 B는 같은 정도로 ~ 하다.

He is as **tall** as I (am [tall]). (그는 나와 같은 정도로 키가 크다.)

       (so)   me.

이 문장은 중학교 영어에도 등장합니다. as와 as 사이에 형용사나 부사를 넣고 그다음에 I나 me를 둡니다. 'I와 me, 어느 쪽이 옳은가?' 그런 의문이 들기도 할 텐데, 둘 다 정답입니다. 엄밀히 말하면, I가 본래의 표현에 더 가까운 형태라고 할 수 있습니다.

동등비교 문장의 본래 형태에서는 He나 I 등 주격을 사용해 동등한 관계성을 만듭니다.

제1장
영어의
기본구조

제2장
시제

제3장
동사에서
파생된
문법

제4장
조합하여
만들어진
문법

제5장
영문법
틀리기
쉬운

A		=		B
He is	**as tall**	as		I am tall.

(그는   같은 정도로 키가 크다   ~와 비교하여   나는 키가 크다.)

이처럼 원래는 **'as tall as'가 'He is'와 'I am tall'을 '키의 높이 관점에서 같다'**고 연결하는 문장이었습니다.

문법적으로 첫 번째 as는 '같은 정도다/비슷하다'라는 뜻인데, 두 번째 as는 그다음에 '주어와 서술어(I am tall)'가 들어가 접속사 기능을 합니다. 한편, 'He is as tall as me.'라고 하면 'me'가 대명사이므로 'as'는 전치사가 됩니다.

동등비교문에서는 이처럼 두 가지 as를 사용해 'He is tall'과 'I am tall'의 대등 관계가 성립됩니다.

일반적으로 실제 대화에서는 'He is as tall as I.'와 'am tall'을 생략하고 말합니다. 영어는 항상 간략화하려는 경향이 있어서 같은 표현의 반복을 가능한 한 피하려고 합니다.

그 밖에 첫 번째 as를 so로 바꾸어 'He is so tall as I.'라고 하면 형용사 tall을 강조하는 뉘앙스로 전달됩니다.

비교는 직역하는 편이 좋다

영어를 한국어로 번역할 때 비교 문장에 한해 의역보다 직역이 더 쉬울 수도 있습니다. 사실 영문법 중에서 비교문은 가장 세분화되어 있어서 모든 것을 망라하려고 들면 그 어떤 문법보다 항목 수가 많아집니다.

그만큼 동등비교처럼 단어 하나하나의 역할이 분명히 정해져 있는 것도 큰 특징입니다.

비교문은 문법 항목 수가 많아서 언뜻 보면 복잡해보입니다. 그러나 각 단어의 역할을 그대로 한국어로 옮기다 보면 의외로 쉽게 번역할 수 있습니다.

그리고 구조 문법에서는 각 단어의 역할을 꼼꼼하게 확인하는 것이 중요합니다. 그러면 공식을 통째로 암기해서는 절대 도달할 수 없는 문법의 진짜 모습을 이해할 수 있게 되고 글쓰기와 회화 실력이 몰라보게 향상될 것입니다.

'동등비교'의 부정문

먼저 동등비교에서는 다음과 같은 부정문 형태에서 주의해야 합니다.

(so)

He is **not as tall** as I (am tall). (그는 나만큼 키가 크지 않다.)

무심코 '그는 나와 같은 정도로 키가 크지 않습니다. (= 단순히 키가 다르다)'라는 의미로 번역하기 쉽습니다. 하지만 실제로 원어민이 이 말을 들으면 '그는 나만큼 키가 크지 않습니다. (= 그는 키가 더 작다)'라는 의미로 받아들입니다.

tall은 '키가 크다'는 의미를 지닌 단어이므로, 이를 부정하면 '그는 키가 크지 않다'가 됩니다. 여기서는 '(나와 비교해) 키가 큰지 어떤지'에 초점이 맞춰져 있으므로 **(나와 비교해) 키가 크지 않다 → 내가 더 키가 크다**'는 의미가 됩니다.

비교문을 번역할 때의 요령은 직역하는 것이지만 어디까지나 영문 구조상에서의 이야기입니다. 한국어와 영어의 형용사 사이에 반드시 동등 관계가 성립하지는 않으므로 형용사 간의 뉘앙스 차이를 조정하는 정도의 의역은 해야 합니다.

'우열비교(A는 B보다 ~하다)'의 진짜 구조

동등비교 다음으로 이번에는 '우열비교' 문장을 살펴봅시다. 우열비교란 'A는 B보다 ~하다'라는 형태의 비교문을 말합니다.

동등비교에서는 형용사를 활용하지 않는 '원급'을 사용했는데, 우열비교에서는 **형용사의**

어미에 'er'을 붙이거나 형용사 앞에 'more'를 붙여서 '비교급' 형태로 활용하여 다음과 같이 사용합니다.

먼저 어미에 'er'을 붙이는 경우를 살펴봅시다.

A be ~ (+er) than B : A는 B보다 ~하다.

He is **taller than** I (am tall). (그는 나보다 키가 크다.)

이처럼 'be + 형용사 비교급 + than' 뒤에 비교 대상인 B를 두어 사용합니다. 학교 수업에서는 흔히 'than: ~보다'로 배우지만 사실 than은 **'~와 동등하게 비교하면'**이라는 의미로 쓰입니다.

He is	taller	than
그는	보다	~와 동등하게 비교하면

→ '그는 저와 동등하게 비교하면 더 키가 큽니다.'

원래 문장에서는 **'than: ~와 동등하게 비교하면'**으로 사용하고, '~보다'라는 의미는 형용사 비교급인 taller가 담당합니다. 즉 위 문장의 진짜 의미는 '그는 저와 동등하게 비교하면 더 키가 큽니다.'라는 문장 구조로 이루어져 있음을 알 수 있습니다.

원래 영어는 궁극적으로 간략화를 진행해온 언어입니다. 따라서 'than = ~보다'였다면 'taller'의 'er'은 필요 없습니다.

그럼 왜 굳이 형용사에 er이나 more를 붙이는가 하면 **than이 '~보다'라는 의미가 아니기** 때문입니다. 이러한 비교문의 구조를 제대로 이해해야 더 복잡한 우열비교 문장이 나오더라도 깔끔하게 번역할 수 있습니다. 더불어 직접 작문할 때도 헷갈리지 않고 영어 문장을 만들 수 있습니다.

이렇게 설명하면 "하지만 사전을 찾아보면 'than = ~보다'로 나오는걸요?" 그렇게 묻는 사람도 있습니다. 물론 사전에서 than을 찾으면 '~보다'라고 나올 것입니다. 왜냐하면 **'사전은**

어디까지나 번역 안내서이지 문법책이 아니기' 때문입니다.

　실제로 통역이나 번역을 할 때는 사전에 나오지 않는 문법 용법이나 단어 번역법을 구사해야 하는 일이 수도 없이 많습니다. 영한사전은 어디까지나 '대체로 이렇게 번역하면 된다'고 참고하는 정도로 생각합시다.

 ## more를 사용하는 '우열비교(A는 B보다 ~하다)'의 진짜 구조

다음으로 'more를 형용사 앞에 두는 경우'의 비교급에 대해서 살펴봅시다.

　비교급은 'tall**er**'처럼 어미에 'er'을 붙이는 단어와 '**more** interesting'처럼 'more'를 앞에 붙여서 비교급으로 만드는 단어가 있습니다. 어디에 'er'과 'more'를 붙이는지 구분하는 방법으로 'interesting'처럼 '음절이 세 개 이상인 단어일 때 more를 붙인다'고 배운 사람이 많을 것입니다. 확실히 3음절 이상의 단어는 대부분 more를 붙이므로 그렇게 생각해도 틀릴 확률은 낮습니다. 하지만 'more selfish' 등과 같이 2음절에서 more가 붙는 예도 있다는 점에 주의해야 합니다.

　more가 붙는 조건 중 하나로 interest**ing**이나 interest**ed** 등 동사를 분사화한 단어를 들 수 있습니다. 또 self**ish**나 boy**ish** 등과 같이 단어의 어미에 특별한 **접미사**(단어의 끝에 붙는 글자)가 붙을 때도 more를 사용하기도 합니다. 정확하게 사용하고 싶다면 일일이 확인하는 편이 좋습니다.

　이처럼 more가 붙는 단어에만 주의하면 기본적인 비교문을 만드는 방법은 같습니다.

　This book **is more interesting** than that one.
　【직역】이 책은 저 책과 동등하게 비교하면 **더 재미있습니다**.
　【의역】이 책은 저 책보다 재미있습니다.

　이 경우에도 than은 '~와 동등하게 비교하면'이라는 의미이고, more interesting은 '더 재미있다'라는 뜻입니다. 이 구조를 바탕으로 문장을 직역하면 '이 책은 저 책과 동등하게 비교하면 더 재미있다.'가 되고, '이 책은 저 책보다 더 재미있다.'라고 의역한 문장을 만들 수 있습니다.

이처럼 우열비교문은 '형용사의 비교급 = 보다 ~하다'와 'than = ~와 동등하게 비교하면'이라는 의미만 제대로 알아두면 나머지는 직역해도 의미가 확실히 통하는 문장이 됩니다.

그저 공식을 암기해서 극복하려고 들면 어느 쪽이 어느 쪽에 대해 우열이 있는지 혼동하기 쉽습니다. 먼저 '구조의 직역'으로 돌아가서 담담하게 구조를 분해하면 더욱 손쉽게 번역하거나 작문을 할 수 있을 것입니다.

 ## 라틴 비교란?

우열비교 중에는 중세 영어 시대 단어의 형태가 그대로 남아 있는 특이한 예로 '라틴 비교'라는 것이 있습니다. '중세 영어 시대의 영어'라고 하면 '어렵지 않을까?' 하고 불안한 생각이 들 수도 있지만, 실은 비교적 친숙한 표현들이 대부분입니다.

통상적인 비교에서는 '형용사의 끝에 er을 붙이는' 규칙이 적용됩니다. 한편 **라틴 비교에서는 끝에 'or'을 붙이는 것이 특징**입니다. 이는 라틴어 비교급이 'or' 형태였던 데서 유래했습니다.

또 비슷한 맥락으로 than 대신 to를 사용하는 것도 특징으로 꼽을 수 있습니다. to를 사용하는 이유에는 여러 가지가 있지만, 그중에서도 원래 라틴어에서 유래했다는 설이 유력합니다. 라틴어 비교문에서 쓰이는 전치사에는 'quam: ~보다/그리고'라는 두 가지 의미가 있었습니다. 이러한 표현은 다양한 전치사 중에서 '그리고'라는 의미를 대신할 역할로 to가 뽑히면서 시작되어 현재까지 쓰이고 있습니다.

한편, 'to: ~에 대하여'라는 의미로 사용된다고 해석하는 견해도 있습니다.

라틴 비교를 사용하지 않더라도 일반 현대 영어에서 우열비교를 같은 의미로 표현할 수 있습니다. 그럼 왜 굳이 라틴 비교를 사용하는가 하면 **라틴 비교를 '유서 깊고 무게감 있는 표현'으로 여기기** 때문입니다.

그림 4-2   중세 영어 시대의 표현이 그대로 남아 있는 '라틴 비교'

현대 영어 비교문		라틴 비교
		중세 영어 시대 단어의 형태가 그대로 남아 있는 특이한 표현
형용사 끝에 er을 붙인다		형용사 끝에 or을 붙인다
전치사로 than을 둔다		전치사로 to를 둔다
be younger than be older than	~보다 나이가 어리다 ~보다 나이가 많다	be junior to be senior to
be better than be worse than	~보다 뛰어나다 ~보다 못하다	be superior to be inferior to
before after	~보다 앞에 ~보다 뒤에	prior to posterior to

라틴 비교는 중세 영어 시대에서 태어났을 때부터 거의 변하지 않고 살아남은 표현입니다. 그래서 사람에 따라서는 '구식 표현'으로 느끼는 경우도 적지 않습니다. 하지만 굳이 번역문으로 구별하자면 'better: 좋다'와 'superior: 뛰어나다', 'worse: 나쁘다'와 'inferior: 열등하다'처럼 같은 의미여도 상대방에게 격식 차린 인상을 줄 수 있습니다.

prior to라면 공항 등 친숙한 장소에서도 볼 수 있으며, 'before check-in(체크인 전에)' 대신 'prior to check-in'이라고 표현합니다. posterior는 계약서나 학술 논문 등에서 가끔 볼 수 있습니다. 흔히 볼 수 있는 예를 들자면, '포스트 코로나' 등에 사용되어 '~ 뒤에'라는 의미를 나타내는 접두어 '포스트 ~'의 어원이 바로 posterior입니다.

이처럼 비즈니스나 법률, 학술 논문과 같이 격식을 차리는 글에서는 종종 라틴 비교 표현을 볼 수 있습니다. 그 밖에도 라틴 비교에 사용되는 단어는 더 존재하지만, 기본적으로는 여기서 다룬 여섯 개 외에는 별로 볼 일이 없을 것입니다.

'수동태'는 '책임 회피'를 위한 문법!?

 수동태 'be + 과거분사'란 무엇일까?

이번에는 '수동태'에 대해 알아보겠습니다. 수동태는 중학교 수업에서 배우는 용법입니다. 공식적으로는 다음과 같이 배웁니다.

수동태   be + 과거분사 : ~ 되다/~ 되었다

수동태 문장을 만드는 방법으로 다음 그림과 같이 **능동태를 바꾸어 수동태로 만드는** 공

그림 4-3   학교에서 배우는 '수동태' 공식

능동태

③ 주어   ② 서술어   ① 목적어

He broke the window. 그가 창문을 부쉈습니다.

수동태

목적어에서 주어로

The window was broken by him.

그 창문은 그에 의해 부서졌습니다.

식을 배웠을 것입니다.

　수동태 문장은 이처럼 능동태 문장에서 기계적으로 ①~③의 순서에 따라 만들 수 있습니다.

 ## 수동태는 왜 필요할까?

제가 대학 수업 등에서 수동태에 대해 설명해보면 중학생 때 배우는 문법이어서인지 다들 '재조합 방법'은 알고 있지만, '수동태의 본질'에 대해 아는 학생은 거의 없습니다.

　이 책에서는 지금까지 거듭해서 **'영어는 계속 간략화되어 현대에 이르렀다'**고 설명했습니다. 영어는 다양한 외국어의 영향을 받아 몇 번이고 문법이 복잡해질 위기에 처했었습니다. 그럴 때마다 몇 번이고 문법의 간략화를 반복해 쓸데없는 문법을 배제하면서 현대에 이르렀습니다. 이러한 영어의 '간략화 문화'를 전제로 하면 큰 수수께끼가 떠오릅니다. **'굳이 능동태를 수동태로 바꿀 필요가 있을까?'**

　'He broke the window. (그가 창문을 부쉈습니다.)'라는 문장을 굳이 'The window was broken by him. (그 창문은 그에 의해 부서졌습니다.)'이라고 빙 둘러서 말하는 수동태로 표현할 필요가 있을까요?

　'He broke the window.'라고 말하는 편이 간단하면서도 상대에게 확실히 의도가 전달됩니다. 수동태는 언뜻 보면 '영어의 간략화'에 역행한 문법으로 보입니다.

 ## 수동태는 '책임 회피'를 위한 문법이었다!

수동태가 지금도 사용되는 이유는 사실 **'책임 회피를 위해서'**입니다. 다시 한번 능동태와 수동태를 비교해봅시다.

　〈능동태〉He broke the window.

　〈수동태〉The window was broken by him.

다시 한번 말하지만, 영어에는 **'중요한 것을 가장 앞에 둔다'**는 원칙이 있습니다. 이 원칙에 따라서 능동태 문장을 보면 주어에 해당하는 'He'가 가장 강조된 중요한 것이라고 볼 수 있습니다.

한편, 수동태 문장 'The window was broken by him.'에서는 능동태의 목적어였던 'The window'가 강조된 구조로 이루어져 있습니다. 왜 '주인공 교체'가 필요한가 하면, **'능동태의 목적어를 주인공으로 삼음으로써 원래 주어를 애매하게 만들고 싶다'**는 심리가 작용하기 때문입니다. 즉 **수동태는 '원래 주어를 강조하고 싶지 않은 문장'**입니다.

무슨 말인지 감이 안 오는 사람도 있을 수 있습니다.

보통 영어 회화에서는 원래 주어인 'by him'이 존재하지 않을 때 수동태를 사용하는 것이 일반적입니다. 예를 들어 창문을 부순 인물을 모호하게 만들어 얼버무리고 싶을 때는 'The window'를 주어로 삼아 원래 주어를 감추고 by him을 생략해 행동 주체를 모호하게 표현할 수 있습니다.

The window was broken. (창문이 부서졌다.)

이 문장은 단순히 깨진 원인을 알 수 없는 경우에도 사용할 수 있습니다.

이처럼 **'행동 주체가 불분명한 경우나 그 존재를 모호하게 표현할 때 사용'**하는 것이 수동태 본래의 용법입니다.

'by him'을 사용한 수동태 문장은 문법 규칙상 틀린 것은 아니지만 실제로는 특정한 경우에만 사용합니다. 행동 주체를 알고 있다면 원어민에게는 기본적으로 능동태를 사용해 이야기하는 편이 자연스럽게 느껴집니다.

'by ~'가 붙는 경우

그럼 어떤 경우에 'by ~'가 붙는지 생각해봅시다.

제1장
영어의 기본 구조

제2장
시제

제3장
동사에서 파생된 문법

제4장
조합하여 만들어진 문법

제5장
틀리기 쉬운 영문법

My cat was named Nabi **by me**.

(우리 집 고양이는 **나에게** 나비라고 이름 지어졌다.)

이 문장에서 주인공은 어디까지나 '우리 집 고양이'입니다. 하지만 'by me'를 붙여서 '자신이 이름 지었다'는 뉘앙스를 아주 조금 덧붙였습니다. 기본적으로 'by ~'를 사용하지 않지만, 일부러 말하고 싶을 때는 이렇게 사용하기도 합니다.

비슷한 문장이어도 다음과 같은 경우에는 'by ~'를 거의 사용하지 않습니다.

불특정 다수가 행동 주체일 때

My cat is called Nabi ~~by me~~. (우리 집 고양이는 나비라고 불립니다.)

여기서 'by me: 나로 인해'를 더하면 문장의 뉘앙스가 성립되지 않습니다.

'My cat was named Nabi by me.'에서는 이름을 지은 사람이 한 명으로 한정되므로 'by me'로 **행동 주체를 제한**할 수 있었습니다. 그러나 '고양이를 나비라고 부른다'는 행위는 이름을 알면 누구나 할 수 있으므로 'by me'라고 제한을 두면 부자연스럽습니다. 이 역시 공식을 암기해 기계적으로 사용하는 것이 아니라 기본 구조를 이해하고 사용해야 합니다.

수동태의 기본 구조는 이로써 끝입니다. 언뜻 보기에는 어려워 보이지만, 문법의 원리는 간단합니다. 이러한 문법 구조를 이해하면 거의 모든 수동태 문장을 만들 수 있게 됩니다.

어려워 보이는 '사역동사'도 구조는 모두 똑같다!

'사역동사'의 구분법

'~ 하게 하다'라는 표현인 '사역동사'는 make, have, let의 세 가지를 구분할 줄 알면 바로 사용할 수 있습니다. 모든 단어에 공통되는 점이 다음과 같은 문장 구조입니다.

사역동사

주어 + 사역동사 + 목적어 + **원형부정사(동사 원형)**

'누가(주어), 누구에게(목적어), 무엇을 하게 하다(원형부정사)'라는 정해진 형태로 사용합니다. 원형부정사는 'to를 동반하지 않는 부정사'를 말하는데, 어떤 사역동사를 사용해도 활용하지 않는 동사를 뜻합니다. 단적으로 말하면 '동사 원형'으로 보면 됩니다. 동사 원형은 원래 '~ 하는 것'으로 명사 취급했던 점을 염두에 둡시다.

사역동사 'make : ~ 하게 하다'

먼저 make를 사용한 경우를 살펴봅시다.

① make : (강제적으로) ~ 하게 하다

I made my little brother **wash** my car.

(저는 남동생에게 제 차를 **세차**하게 했습니다.)

고대 영어에서는 동사 원형이 '~ 하는 것'이었기에 이 문장의 진짜 의미는 '나는 내 차를 **세차하는 것을** 동생에게 **시켰다.**'가 됩니다. 이때 make는 '(강제적으로) ~ 하게 한다'라는 조금 무서운 의미를 지닙니다.

사역동사는 고대 영어 시대부터 쓰였던 표현입니다. 그래서 원래 '~ 하는 것'으로서 동사 원형을 사용하던 것이 지금도 그대로 사용됩니다. 흔히들 이 부정사를 'to를 생략한 형태'라고 배우는데, to 부정사와는 처음부터 출발점이 다릅니다.

② have : ~ 해 받다

I **had** my mother **make** my box lunch.

(저는 어머니에게 도시락을 **만들어** 받았습니다.)

이 문장의 구조도 ①과 같지만, make보다 뉘앙스가 더 누그러져서 '~ 해 받다'가 됩니다. 드물게 '~ 하게 한다'는 의미로 사용하기도 하지만, 기본적으로는 '~ 해 받다'라는 뉘앙스로 사용됩니다.

③ let : ~ 하게 해주다

I **let** my daughter **go** to the concert.

(저는 딸을 그 콘서트에 **가게** 해주었습니다.)

let은 '~ 하게 해주다'로 허락해주는 뉘앙스를 담고 있습니다.

이처럼 사역동사를 사용한 문장은 모두 같은 구조로 사용할 수 있습니다. 각 단어의 뉘앙스를 확실히 알아두어 능숙하게 구사하도록 합시다.

제 4 장 | 조합하여 만들어진 문법　　　　　　　　　　| 관계대명사 |

제1장
기본구조
영어의

제2장
시제

제3장
파생된 문법
동사에서

제4장
만들어진 문법
조합하여

제5장
영어문법
틀리기 쉬운

'관계대명사'를 구사하는 5단계

 '관계대명사'는 왜 필요할까?

관계대명사는 일반적으로 중학교 3학년 수업에서 등장합니다. 많은 학생들을 괴롭히고 있는 듯한데, '사용법이 너무 복잡하다', '문장이 길어서 어떻게 번역해야 할지 모르겠다'는 말을 많이 듣습니다.

애초에 영어에 왜 그런 어려운 관계대명사가 필요할까요? 먼저 관계대명사가 어떤 것인지 다시 한번 되짚어보도록 합시다. 여기 두 문장이 있습니다.

【문장 1】 The lady will come here soon. (그 여성은 곧 여기에 옵니다.)

【문장 2】 I met her yesterday. (저는 그녀를 어제 만났습니다.)

이 두 문장을 관계대명사를 사용해 다음과 같은 한 문장으로 연결할 수 있습니다.

관계대명사를 사용한 문장

The lady whom I met yesterday will come here soon.

(제가 어제 만난 **여성은 곧 여기에 옵니다.**)

이 문장에서는 whom이라는 관계대명사를 사용함으로써 【문장 1】 안에 【문장 2】를 삽입해 각각이었던 두 문장을 하나로 묶었습니다. 즉 관계대명사는 **【문장 1】과 【문장 2】의 접착제**와 같은 역할을 합니다.

197

'저는 그 여성을 어제 만났습니다.', '그녀는 곧 여기에 옵니다.' 이처럼 나누어진 문장으로 이야기하다 보면 말이 장황해집니다. 그래서 관계대명사라는 접착제를 사용해 한 문장으로 정리하면 '제가 어제 만난 여성은 곧 여기에 옵니다.'처럼 깔끔한 문장으로 전달할 수 있습니다. 즉 **관계대명사는 간략화의 일환으로 태어난 것**입니다.

지금까지 몇 번이나 이야기했지만, 영어는 수많은 언어의 영향을 받는 과정에서 가능한 한 규칙을 간략화하고 간단하게 정리함으로써 사용하기 쉽게 만들려는 경향을 보였습니다. 그 안에서 태어난 관계대명사의 규칙이 그렇게 복잡할 리 없습니다.

이 책에서는 **'관계대명사를 능숙하게 다루는 5단계'**만 밟으면 누구나 쉽게 배울 수 있는 방법을 설명하겠습니다.

'관계대명사'를 능숙하게 사용하기 위한 5단계

그럼 관계대명사를 사용하기 위한 5단계에 대해 알아봅시다. 이 단계를 밟으면 반드시 누구나 관계대명사를 사용한 문장을 자유자재로 구사할 수 있게 됩니다.

앞에서 등장한 문장을 예로 들어 5단계 방법을 살펴보도록 합시다.

그림 4-4	관계대명사를 사용하기 위한 5단계
STEP ①	두 문장의 공통어를 찾는다
STEP ②	두 문장의 공통어 중에서 대명사를 지운다
STEP ③	지운 대명사를 관계대명사로 바꾼다
STEP ④	관계대명사를 문장 앞으로 옮긴다
STEP ⑤	지우지 않은 공통어 바로 뒤에 관계대명사를 포함한 문장을 붙인다

【문장 1】 **The lady** will come here soon. (그 여성은 곧 여기에 옵니다.)

【문장 2】 I met **her** yesterday. (저는 그녀를 어제 만났습니다.)

(STEP 1) 두 문장의 공통어를 찾는다

두 문장은 어떤 **'공통의 것'**에 대해서 두 가지 이야기를 하고 있습니다. 【문장 1】과 【문장 2】는 '그 여성'이라는 **공통 인물**에 관해 이야기하고 있다는 점에서 일치합니다. 즉 **'The lady(그 여성)'와 'her(그녀)'가 공통어**입니다.

(STEP 2) 두 문장의 공통어 중에서 대명사를 지운다

The lady와 her 중 대명사인 her를 지웁니다.

【문장 1】 **The lady** will come here soon. (그 여성은 곧 여기에 옵니다.)

【문장 2】 I met ~~her~~ yesterday. (저는 그녀를 어제 만났습니다.)

위의 두 문장에서는 '그 여성(그녀)'이 두 번 등장합니다. 따라서 두 번째 대명사 쪽은 중요도가 낮다고 분석합니다. 이때 '간략화'하기 위해 반복해서 등장한 'her(그녀)' 쪽을 생략합니다.

(STEP 3) 지운 대명사를 관계대명사로 바꾼다

다음으로 STEP 2에서 지운 대명사를 관계대명사로 대체하기 위해 표(202쪽 참조)에서 관계대명사를 고릅니다. **세로축은 사람인가 사물인가, 가로축은 주격·목적격·소유격 중 어느 것인가**라는 두 가지 관점에서 알맞은 관계대명사를 고릅니다.

먼저 두 문장의 공통점은 'The lady'와 'her'라는 인물이었습니다. 따라서 표의 '사람' 행 중에서 관계대명사를 고릅니다. '사람' 행에는 'who(주격)', 'whom(목적격)', 'whose(소유격)' 이렇게 세 가지가 있습니다. 주격은 '~은/는'으로 주어를 대신하고, 목적격은 '~을/를'로 목적어 대신, 소유격은 '~의'를 의미합니다.

【문장 2】에서 'her'는 목적어였습니다. 따라서 표에서 '목적격'인 'whom'을 이번에 사용할 관계대명사로 고릅니다.

(STEP 4) 관계대명사를 문장 앞으로 옮긴다
【문장 2】의 선두에 STEP 3에서 고른 관계대명사를 둡니다.

【문장 2】 whom I met yesterday.

원래 her가 있던 위치에 whom을 두지 않는 이유는 관계대명사는 문장과 문장의 접착제이기 때문입니다. 관계대명사를 문장 중간에 넣어버리면 두 문장을 붙일 수 없습니다.

(STEP 5) 지우지 않은 공통어 바로 뒤에 관계대명사를 포함한 문장을 붙인다
STEP 4에서 만든 문장을 지우지 않은 공통어 'The lady'의 바로 뒤에 둡니다.

【문장 1】 The lady will come here soon. (그 여성은 곧 여기에 옵니다.)
(STEP 4) whom I met yesterday. (저는 그녀를 어제 만났습니다.)

↓

The lady whom I met yesterday will come here soon.
(제가 어제 만난 여성은 곧 여기에 옵니다.)

이때 문장의 중간이어도 상관없이 공통어 바로 뒤에 관계대명사가 포함된 문장을 둡니다. 이때 관계대명사를 포함한 문장 앞에 있는 공통어를 '선행사'라고 부릅니다.

관계대명사는 '문장을 이어주는 접착제'일 뿐이므로 번역할 필요가 없습니다. 접착제는 겉으로 나올 필요가 없기 때문입니다. 이 5단계를 밟으면 누구나 확실하게 관계대명사를 구사할 수 있게 됩니다.

제1장
영어의
기본 구조

제2장
시제

제3장
파생된 문법

제4장
조합하여 만들어진 문법

제5장
틀리기 쉬운 영문법

- 관계대명사는 접착제
- 관계대명사를 포함한 문장은 대명사를 사용하지 않은 쪽의 공통어 뒤에 둔다

이 두 가지만 조심하면 완벽하게 다룰 수 있을 것입니다.

관계대명사 'that'을 사용하는 경우

202쪽 그림 안에 있는 관계대명사 선택표에는 주격과 목적격 부분에 '(that)'이라고 적혀 있습니다. 이 표를 보면 알 수 있듯이 주격과 목적격의 경우 who나 which 대신 that을 사용해 문장을 연결할 수도 있습니다. 요즘에는 '주격과 목적격이라면 어떤 경우에도 that을 사용해도 된다'고 가르치는 학교 선생님들도 있다고 합니다. 확실히 who나 which를 모두 that으로 바꾸어도 상대방에게 의미는 전달될 것입니다.

원어민 중에서도 느낌에 따라 사용하거나, 서면에서는 who나 which를 사용하는 등 사람에 따라 사용법도 제각각인 듯합니다. 그러나 '어떻게 that이 쓰이게 되었는가?'를 알면 역시 who나 which를 사용해 이야기하는 편이 올바른 형태임을 이해할 수 있습니다.

원래 that은 다음과 같은 경우에 **'일단 that'**으로 사용하게 된 것이 시초입니다.

【문장 1】 The old man and his dog are still alive.

　　　　　(그 노인과 그의 개는 아직 살아 있습니다.)

【문장 2】 I met them ten years ago.

　　　　　(저는 10년 전에 그들을 만났습니다.)

위의 두 문장을 '관계대명사의 5단계'를 이용해 하나의 문장으로 연결하려고 하면 난관에 부딪힙니다.

The old man은 사람이므로 whom을 사용하고 싶은데, 대명사 them에는 'his dog'가 포함됩니다. '반려동물은 가족이니 인간과 마찬가지로 he나 she를 사용한다'고 하는 사람도

그림 4-5   관계대명사를 사용한 문장 만드는 방법

STEP ①   두 문장의 공통어를 찾는다

문장1   The lady will come here soon.

문장2   I met her yesterday.

'The lady'와 'her'가 공통어

STEP ②   두 문장의 공통어 중에서 대명사를 지운다

문장1   The lady will come here soon.

문장2   I met ~~her~~ yesterday.

STEP ③   지운 대명사를 관계대명사로 바꾼다

다음 순서에 따라 해당하는 관계대명사를 고른다

① 지운 대명사가 사람인지 물건인지 구분한다 (➡ her이므로 사람)

② 무슨 격인지 구분한다 (➡ '그녀를'이므로 목적격)

③ 아래 표에서 해당하는 관계대명사를 고른다 (➡ '사람 + 목적격'이므로 whom)

	주격(~은/는, ~이/가)	목적격(~에게, ~을/를)	소유격(~의)
사람	who (that)	whom (that)	whose
사물	which (that)	which (that)	whose

STEP ④   관계대명사를 문장 앞으로 옮긴다

문장2   whom I met yesterday.

STEP ⑤   지우지 않은 공통어 바로 뒤에 관계대명사를 포함한 문장을 붙인다

문장1   The lady will come here soon.

STEP ④   whom I met yesterday.

The lady whom I met yesterday will come here soon.

제가 어제 만난 여성은 곧 여기에 옵니다.

제1장
영어의
기본
구조

제2장
시
제

제3장
파생된
동사에서
문법

제4장
조합하여
만들어진
문법

제5장
틀리기
쉬운
영문법

있지만, 영문법 규칙상으로는 동물에 대해서 'which'를 사용하도록 정해져 있습니다. 따라서 'The old man and his dog'에는 인간과 사물이 모두 포함되므로 관계대명사를 고를 수 없습니다.

이처럼 곤란한 상황을 해결하기 위해서 '일단 that이라도 넣어둘까?' 하고 that이 들어가게 되었습니다.

The old man and his dog that I met ten years ago are still alive.

이처럼 that을 사용함으로써 whom이나 which로 대응할 수 없는 문장도 하나로 묶을 수 있게 되었습니다. that은 '달리 대응할 수 없을 때 일단 사용하는' 방식으로 사용되기 시작해 현재 널리 쓰이게 되었습니다.

원어민은 선행사가 한정적일 경우 that을 사용하는 경향이 있지만, 개인적인 느낌으로는 which보다 that을 자주 사용하는 사람이 더 많은 듯합니다.

관계대명사 'what'의 용법을 마스터한다!

이번에는 관계대명사 'what'의 용법에 관해 설명하겠습니다.

관계대명사 what은 일상 대화에서도 자주 등장하고 저 또한 통역 일을 하며 자주 사용합니다. 하지만 what의 용법을 잘 몰라서 적극적으로 사용하지 못한다는 소리도 자주 듣습니다. what에 대해서도 역시 사용하게 된 이유를 알아야 올바른 사용법을 이해할 수 있습니다.

그럼 어떤 상황에서 'what'을 사용하게 되었을까요? 바로 다음과 같은 문장을 만드는 과정에서 what을 사용하게 되었습니다.

① 저는 그녀가 원하는 것을 알고 있습니다.
② 저는 그녀가 한 말을 이해할 수 없습니다.

두 문장을 관계대명사를 사용한 문장으로 만들려면 어떻게 해야 할까요?

그림 4-6   관계대명사 'that'이 사용되는 경우

① 선행사가 '사람'과 '사물'을 동시에 포함하는 경우

예 The old man and the dog that lived in this house are still alive.
이 집에 살던 노인과 개는 아직 살아 있습니다.

② 선행사가 'all'일 경우

예 I brought all that he left at home.
그가 집에 두고 온 모든 것을 제가 가져왔습니다.

③ 선행사가 'no one', 'nobody'인 경우(선행사에 'no'가 붙어 있을 때)

예 There is no one that knows the story.
그 이야기를 아는 사람은 아무도 없습니다.

④ 선행사가 'something', 'anything', 'nothing', 'everything'인 경우

예 He knows everything that happened at school.
그는 학교에서 일어난 모든 일을 알고 있습니다.

⑤ 선행사에 'the first', 'the last'가 붙어 있는 경우

예 He is the first person that went to the moon.
그는 달에 간 최초의 사람입니다.

⑥ 선행사에 'the only'가 붙어 있는 경우

예 This is the only story that I heard.
이것이 제가 들은 유일한 이야기입니다.

⑦ 선행사에 'the same'이 붙어 있는 경우

예 This is the same book that I saw at the bookstore.
이것은 제가 서점에서 본 것과 같은 책입니다.

⑧ 선행사에 'every'가 붙어 있는 경우

예 Every student that I know studies very hard.
제가 아는 학생들은 모두 열심히 공부합니다.

⑨ 선행사에 'all the'가 붙어 있는 경우

예 All the books that he has are very interesting.
그가 가지고 있는 책은 모두 매우 재미있습니다.

①과 ②에는 각각 다음과 같은 두 문장이 숨어 있습니다.

제1장
영어의
기본구조

제2장
시제

제3장
파생된에서
동사

제4장
조합하여
만들어진
문법

제5장
영문법
틀리기
쉬운

① 저는 그녀가 원하는 것을 알고 있습니다.

　I know the thing. (저는 그것을 알고 있습니다.)

　She wants it. (그녀는 그것을 원합니다.)

② 저는 그녀가 한 말을 이해할 수 없습니다.

　I don't understand the thing. (저는 그것을 이해할 수 없습니다.)

　She said that. (그녀는 그것을 말했습니다.)

이 문장들을 '관계대명사의 5단계'를 통해 하나로 정리하면 다음과 같은 관계대명사 문장이 만들어집니다.

　① I know the thing which she wants.
　② I don't understand the thing which she said.

이처럼 공통어인 the thing과 그에 대한 '것'을 가리키는 관계대명사 which를 사용한 문장이 성립됩니다.

언뜻 생각하면 이로써 충분한 듯 보이지만, '~ 한 일(것)을 …하다'라는 문장은 일상 대화에서 자주 등장합니다. 그럴 때마다 몇 번이고 'the thing which'를 사용하다 보면 장황한 느낌이 들기 때문에 'the thing which'를 한마디로 끝내고 싶어졌습니다.

그래서 다음과 같이 **'the thing which'를 'what'으로 대체하자**는 아이디어를 생각해 냈습니다.

　① I know what she wants. (저는 그녀가 원하는 것을 알고 있습니다.)

② I don't understand what she said.

(저는 그녀가 한 말을 이해할 수 없습니다.)

what을 사용하면 ①과 ② 문장을 조금 더 깔끔한 형태로 만들 수 있습니다.

관계대명사는 기본적으로 '문장과 문장의 접착제'이므로 번역할 때는 반영하지 않습니다. 그런데 이처럼 what을 사용하는 경우에는 '~ 것/~ 일'로 번역되어 이로 인해 혼란스러워하는 사람도 적지 않습니다. **'~ 것/~ 일'이라고 번역하는 이유는 'the thing which'의 'the thing(그것)'이 what 안에 포함되어 있기 때문입니다.**

'전치사 + 명사'를 간략화

제1장
기본구조
영어의

제2장
시제

제3장
파생된 문법
동사에서

제4장
만들어진 문법
조합하여

제5장
영문법
틀리기 쉬운

 '전치사 + 관계대명사'를 사용해 문장을 하나로 합치는 방법

관계대명사의 용법을 모두 이해하고 나면 '관계부사'의 개념도 쉽게 이해할 수 있습니다.

　먼저 **관계부사란, 관계대명사를 부사(동사를 수식한다)로 사용하는 용법**입니다. 따라서 관계대명사를 기반으로 한 개념부터 순차적으로 배우면 쉽게 이해할 수 있습니다.

　【문장 1】 This is the house. (여기가 그 집입니다.)

　【문장 2】 I was born in this house. (저는 이 집에서 태어났습니다.)

　위의 두 문장을 관계대명사의 5단계를 통해 하나의 문장으로 만들어봅시다.

　(STEP ①, ②) 두 문장에 공통적으로 있는 것은 'the house'와 'this house'입니다. 이때 어느 쪽의 공통어를 지우는가 하면, 【문장 2】의 'this house'를 지웁니다. 【문장 1】의 'the house'를 지우면 'This is'로 끝나버려서 문장 자체가 성립되지 않기 때문입니다. 한편, 【문장 2】의 'I was born in t̶h̶i̶s̶ ̶h̶o̶u̶s̶e̶.'는 그럭저럭 문장 체제가 남아 있습니다.

　(STEP ③) 어떤 관계대명사를 사용할지 결정합니다. 이때 지운 'this house' 앞에 전치사 'in'이 있다는 점에 주목해야 합니다.

　영어에서는 'for him'이라든가 'with me' 등 '전치사와 명사'가 있는 경우, 그 명사가 목적격이 된다는 법칙이 있습니다. for he나 with I와 같은 표현은 존재하지 않습니다. 따라서 여기서는 목적격인 관계대명사에서 물건(this house)에 대응하는 'which'를 고릅니다.

용법의 핵심은 for him이나 with me와 같이 전치사와 명사가 세트로 사용된 경우 관계대명사에서도 'in which'처럼 전치사와 세트로 사용한다는 점입니다.

【문장 1】 This is <u>the house</u>. (여기가 그 집입니다.)

【문장 2】 I was born in <u>this house</u>. (저는 이 집에서 태어났습니다.)

(which)

(STEP ④를 건너뛰고 STEP ⑤) in which를 세트로 사용해 선행사인 the house 다음에 【문장 2】를 두면 다음과 같은 문장으로 정리됩니다.

This is <u>the house</u> in which I was born. (여기가 제가 태어난 집입니다.)

사실 이처럼 관계대명사를 사용한 문장 그대로 사용해도 문제는 없습니다. 저 또한 이런 형태의 문장으로 대화하는 버릇이 있고, 상대방에게 문제없이 의미가 전달됩니다.

 ## 관계부사로 간략화

그런데 여기서 영어의 기본적인 특성에 따라 '간략화하고 싶다'는 욕구가 고개를 듭니다. 매번 'in which'를 사용하다 보면 아무래도 문장이 지저분해집니다. 그래서 **'어떻게든 간략화할 방법이 없을까?' 하고 고민한 결과 '관계부사'가 탄생했습니다.**

먼저 '전치사 + 명사'는 문장에서 어떤 역할을 할까요?

He **studies** English <u>at school</u>. (그는 학교에서 영어를 공부하고 있습니다.)

이 문장에서는 'at school(학교에서) → study(공부하고 있다)'로 동사 study를 수식합니다.

동사를 수식하는 말이라고 하면 '부사'입니다. 예를 들어, 여기서 'at school'을 부사 'here'로 바꾸어 'He studies English here. (그는 여기서 영어를 공부하고 있습니다.)'라

제1장
영어의
기본 구조

제2장
시
제

제3장
파 동
생 사
된 에
문 서
법 의

제4장
만 조
들 합
어 하
진 여
문
법

제5장
영문법 틀리기 쉬운

고 해도 문장이 성립됩니다. 즉 **'전치사 + 명사는 부사 역할을 한다'**는 것을 알 수 있습니다.

여기서 관계대명사를 사용한 문장을 다시 한번 살펴보도록 하겠습니다.

This is <u>the house</u>　　 in which 　　 I was born.
　　　　〈장소〉　〈전치사〉＋〈명사〉

여기서 'in which'에 해당하는 부사를 찾습니다. 선행사인 'the house'는 '장소'를 가리키 므로 아직 관계대명사로 사용되지 않고 장소와 관련된 의문사(의문부사)인 **'where'**를 사용 합니다.

This is <u>the house</u> where I was born. (여기가 제가 태어난 집입니다.)

즉 **'관계부사란 전치사 + 관계대명사를 고쳐 쓴 것'**입니다. 의문사는 종류가 한정되어 있 으므로 모든 경우에 사용할 수는 없지만, where는 달리 사용되지 않았기 때문에 관계부사로 사용된 것입니다. 이런 식으로 생각해 관계부사 where를 사용합니다.

관계부사 'when'을 능숙하게 구사하는 방법

'전치사 + 관계대명사 = 관계부사'라고 생각하면 관계부사의 모든 것을 설명할 수 있습니다.

이번에는 관계부사 **'when'**에 대해 알아보겠습니다.

【문장 1】Do you know <u>the day</u>? (당신은 그날을 알고 있습니까?)
【문장 2】She comes here on <u>the day</u>. (그녀는 그날 여기에 옵니다.)

이 문장에서도 where와 같은 식으로 생각할 수 있습니다.

먼저 공통 화제는 'the day'입니다. 완전히 똑같은 단어라 바로 알 수 있습니다.

다음으로 '어느 한쪽의 the day를 지우는' 작업을 해야 하는데, 【문장 1】의 'Do you know the day?'에서 the day를 지우면 의미가 성립하지 않습니다.

반대로【문장 2】'She comes here on ~~the day~~.'에서는 '언제 오는가'는 불분명해지지만, 문장의 체제는 유지됩니다. 따라서 이쪽 the day를 지웁니다.

the day는 '사물(사람이 아니다)'이므로 '전치사 on + 관계대명사 which'를 사용해 다음과 같이 문장을 정리할 수 있습니다.

Do you know the day   on which   she comes here?
           〈시간〉 〈전치사〉+〈명사〉

이때 선행사는 '시간'을 나타내는 the day입니다. 시간을 나타내는 의문사(의문부사)인 'when' 또한 관계대명사로 사용되지 않으므로 'on which' 대신 사용해 다음과 같이 고쳐 쓸 수 있습니다.

Do you know the day when she comes here?
(그녀가 언제 여기에 오는지 아십니까?)

관계부사 'why'를 능숙하게 구사하는 방법

when과 같은 방식으로 관계부사 why의 용법을 살펴보도록 하겠습니다.

【문장 1】 I don't know the reason. (저는 그 이유를 모릅니다.)
【문장 2】 She got angry for the reason. (그녀는 그 이유로 화를 냈습니다.)

공통 화제인 'the reason'을 선행사로 생각합니다. 다음으로 '어느 쪽의 the reason을 지울지' 판단합니다.

【문장 1】 'I don't know ~~the reason~~.'에서는 '나는 모른다'만 남아서 '무엇을 모른다'는 것인지 알 수 없습니다. 【문장 2】 'She got angry for ~~the reason~~.'이라고 하면 '그녀는 화가 났구나'라는 판단을 할 수 있으므로 최소한의 문장 체제는 남아 있습니다. 따라서【문장

2】의 the reason을 지우도록 합니다.

the reason은 '사물(사람이 아니다)'이므로 '전치사 for ＋ 관계대명사 which'를 사용해 다음과 같이 정리합니다.

I don't know <u>the reason</u>　　　for which　　　she got angry.
　　　　　　〈이유〉　　〈전치사〉＋〈명사〉

이때 선행사는 '이유'를 나타내는 the reason입니다. **어떤 이유를 이야기할 때 사용하는 전치사는 'for'**라는 점도 함께 기억해둡시다.

이유를 나타내는 의문사(의문부사) 'why'도 다른 관계대명사로 사용되지 않기 때문에 다음과 같이 'for which'를 대체할 수 있습니다.

I don't know the reason why she got angry.
(저는 그녀가 화난 이유를 모릅니다.)

 ## 관계부사 'how'를 능숙하게 구사하는 방법

마지막은 how의 용법입니다. 기본적인 개념은 같지만 다른 관계부사와 달리 주의해야 할 점이 있습니다.

【문장 1】 I want to know the way. (저는 그 방법을 알고 싶습니다.)
【문장 2】 He succeeded in the way. (그는 그 방법으로 성공했습니다.)

공통 화제는 'the way'입니다. 지금까지와 마찬가지로【문장 1】 'I want to know ~~the way~~.'보다【문장 2】 'He succeeded in ~~the way~~.' 쪽이 the way를 지웠을 때 문장이 파탄나지 않습니다.

따라서【문장 2】의 the way를 지우도록 합니다. 'the way'도 사물이므로 'in ＋ which'를

제1장
영어의 기본 구조

제2장
시제

제3장
파생된 동사에서 문법

제4장
조합하여 만들어진 문법

제5장
영문법 틀리기 쉬운

사용해 다음과 같이 정리할 수 있습니다.

I want to know <u>the way</u>　　in which　　he succeeded.
　　　　　　　　〈방법〉　〈전치사〉＋〈명사〉

이때 선행사는 '방법'을 나타내는 the way입니다. '방법'을 나타내는 'how'가 후보로 거론되겠지만, 여기서 주의해야 합니다. 'how'에는 'how to ~'와 같이 이미 '~ 하는 방법'이라는 의미가 있습니다. 따라서 'the way how'라고 하면 이중 의미가 되어버립니다. 그래서 현대 영어에서는 다음과 같이 정리하게 되었습니다.

I want to know how he succeeded. (그가 성공한 방법을 알고 싶습니다.)

'the way how'보다 더 깔끔해졌습니다. 이처럼 'how를 사용할 때는 선행사 the way를 생략한다'는 점에 주의하도록 합시다.

제 5 장

틀리기 쉬운
영문법

'틀리기 쉬운 문법'을 공략하는 두 가지 관점

마지막 장인 제5장은 번외편입니다. 한국인들이 '틀리기 쉬운 문법'을 다룹니다. 따라서 제5장에는 '이야기'가 없습니다. 이번 장의 핵심은 '이야기'가 아닌 '관점'입니다.

'other', '숫자', 'It to/that 구문', '준부정어', '도치', '삽입 의문문', '특수한 that 절', '분사 구문', '강조 구문'은 모두 일반적으로 '난해하다'고 여겨지는 문법입니다.

개인적으로 난해해지는 가장 큰 원인은 학교에서 '공식'이라는 '최종형'에만 주목해 **왜 그 형태로 자리 잡았는가?**, **'왜 그 형태가 아니면 통하지 않는가?'**처럼 가장 중요한 '관점'이 빠져 있기 때문이라고 생각합니다.

공식을 암기하는 방법은 확실히 손쉬운 '지름길'로 보일 수도 있습니다. 하지만 암기만 해서는 이번 장에서 다루는 문법을 진정한 의미로 구사할 수 있는 날이 영영 찾아오지 않습니다.

이번 장에서 다루는 문법을 배울 때는 **'역사적 관점', '종교적 관점', '언어 융합 관점' 등 다양한 각도에서 배우면 믿기지 않을 정도로 깔끔하게 이해되는 것**을 실감할 수 있을 것입니다.

그럼 바로 '틀리기 쉬운 문법'으로 들어가 봅시다.

그림 5-1 제5장【틀리기 쉬운 영문법】의 흐름도

제1장
영어의 기본 구조

제2장
시제

제3장
파생된 동사에서 문법

제4장
조합하여 만들어진 문법

제5장
틀리기 쉬운 영문법

33 **other**

34 **숫자**

35 **It to/that 구문**

36 **준부정어**

37 **도치**

38 **삽입 의문문**

39 **특수한 that 절**

40 **분사 구문**

41 **강조 구문**

'전치사 + 명사'를 간략화

 간단하면서도 어려운 'other' 용법

제5장에서는 쉬워 보이지만 자칫 잘못 사용하기 쉬운 영문법을 다루도록 하겠습니다.

첫 타자는 'other(그 외)'입니다. 누구나 아는 단어지만 사실 **the other, the others, another, others의 차이**'에 대해 제대로 설명하기는 쉽지 않습니다.

 'the other'와 'the others'의 구분법

'the other'와 'the others'의 구분법부터 살펴봅시다.

예를 들어, 자신에게 형제가 있다고 가정해봅시다.

① I have two brothers.

One is a doctor, and the other is a lawyer.

(제겐 두 명의 형제가 있습니다. 한 명은 의사이고 다른 한 명은 변호사입니다.)

② I have five brothers.

One is a doctor, and the others are lawyers.

(제겐 다섯 명의 형제가 있습니다. 한 명은 의사이고 그 외는 모두 변호사입니다.)

영어에 '저희는 몇 형제입니다'라는 표현은 없습니다. 따라서 '형제가 몇 명 있다'고 말할 때

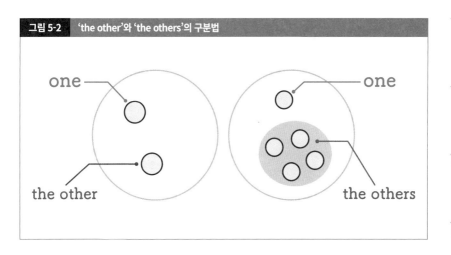

그림 5-2   'the other'와 'the others'의 구분법

one

one

the other

the others

제1장
영어의
기본
구조

제2장
시제

제3장
동사에서
파생된
문법

제4장
조합하여
만들어진
문법

제5장
틀리기
쉬운
영문법

자신은 명수에 포함하지 않습니다. 즉 ①은 3형제, ②는 6형제라는 뜻입니다.

'the other/the others'에서 사용하는 the는 조금 수준 높은 정관사 용법이라고 할 수 있습니다. 예를 들어 'the dinosaurs(공룡속은)'처럼 **어떤 특정 종족이나 동료를 하나로 묶을 때 사용하는 용법**으로, 저는 이를 **'일괄 the'**라고 부릅니다. ①과 ②에서는 먼저 '형제'라는 한 그룹 안에서 '한 명(One)은 의사입니다.' 하고 그중 한 명을 한정했습니다. 그래서 그 그룹 한정으로 'other/others(그 외)'가 들어가면서 **'하나로 묶고 남은 모든 것(the other/the others)'**이라는 의미가 됩니다.

①에서는 두 형제 중 다른 한쪽(다른 한 명)이었기 때문에 대상이 되는 '나머지 모두'는 한 명입니다. 따라서 단수인 'the other'를 사용합니다. 한편, ②에서는 다섯 형제 중에서 '한 명을 제외하고 모두'라는 의미이므로 복수형인 'the others'를 사용했습니다.

그 밖에도 다음과 같은 문장에서 'the other/the others'를 사용하기도 합니다.

I have two cats. One is white, and the other is black.
(저는 고양이를 두 마리 키우고 있습니다. 한 마리는 흰 고양이고 다른 한 마리는 검은 고양이입니다.)

There are five apples. The two of them are from Chungju, and the others are from Yeongju.

(여기 사과가 다섯 개 있습니다. 그중 두 개는 충주산이고, 그 외는 영주산입니다.)

 ## 'another'의 올바른 사용법

다음은 another와 other의 차이입니다.

여기서는 시계 가게에서 시계를 고르는 상황을 가정해봅시다. 시계 가게에서 하나의 상품을 보여달라고 합니다.

Excuse me, can I see that one? (저기요, 그것을 보여주세요.)

하지만 그 시계는 취향에 맞지 않았습니다.

그럼 다른 상품을 하나 더 보고 싶다면 어떻게 이야기해야 될까요? 앞서 설명한 'the others'를 사용하면 다음과 같은 의미가 될 수 있으므로 주의해야 합니다.

Can I see the others? (나머지 모두를 보여주세요.)

이렇게 이야기하면 점원은 가게에 있는 모든 시계를 가져와야 합니다. '다른 하나'라고 말하고 싶다면 'another(많은 것 중 하나)'를 사용합니다.

Can I see another? (다른 상품을 하나 더 보여주세요.)

이때 '아직 보지 못한 것'을 보고 싶은 상황이므로 'the other'에서 the를 뺍니다. 다음으로 보고 싶은 상품은 한 개이므로 관사 'a'를 사용하고 싶어집니다. 그런데 'other'는 모음 발음으로 시작하기 때문에 관사로 'a'가 아니라 'an'을 붙여야 합니다. 그러면 'an other'라고 표현하면 될 것 같습니다. 실은 이 'an other'가 하나로 합쳐져 'another'가 탄생한 것입니다.

'others'의 올바른 용법

시계 가게에서 '다른 시계를 몇 개 보고 싶다'면, 앞서 사용한 'another'와 같은 방식으로 생각하면 되는데 단, 이때는 복수형으로 만듭니다.

　another의 원래 형태는 'an other'이고 복수형은 'others'입니다.

　Can I see others? (다른 상품을 몇 개 보여주세요.)

이처럼 others는 **'많이 있는 것 중 몇 개'**라는 뉘앙스로 사용할 수 있습니다.

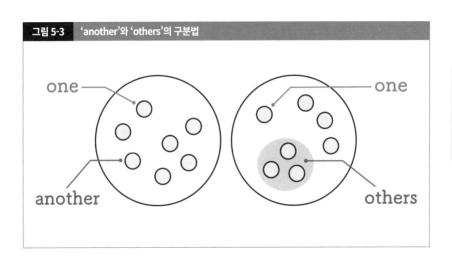

그림 5-3　'another'와 'others'의 구분법

큰 숫자를 영어로 술술 말하는 방법

 의외로 어려운 '수의 영어'

영어로 말할 때 '큰 단위의 수' 때문에 종종 혼란스러워집니다.

100이나 1,000 같은 수는 hundred나 thousand처럼 술술 말할 수 있지만 10만, 1,000만, 억 단위가 되면 좀처럼 바로 대답할 수 없습니다. 영어에는 한국어와 달리 1만이나 1억이라는 단위가 없어서 큰 숫자를 일일이 머릿속으로 생각하지 않으면 안 됩니다.

그런데 **라틴어를 기반으로 한 '영어의 숫자 개념'**을 이해하면 단번에 말할 수 있게 됩니다.

여기에도 스페인어와 라틴어의 관점이 열쇠를 쥐고 있습니다. 여기서는 라틴어 지식을 바탕으로 '큰 숫자의 영어'를 극복한 방법을 전수하고자 합니다.

 숫자는 '0 세 개가 한 세트'

먼저 영어로 숫자를 말할 때 가장 중요한 것은 '0의 개수'입니다.

오른쪽 그림과 같이 **'0이 한 개(10) = ten, 0이 두 개(100) = hundred, 0이 세 개(1,000) = thousand'** 이처럼 0 세 개를 한 세트로 간주합니다.

다음으로 1,000보다 큰 자릿수 '1만'이 되었을 때, '0이 한 개와 세 개(총 네 개)'라고 생각하면 '0이 한 개 = ten, 세 개 = thousand'이므로 **'ten thousand'**가 됩니다. '10만'도 마찬가지로 '0이 두 개와 세 개'라고 생각하면 '0이 두 개 = hundred, 세 개 = thousand'이므로 **'hundred thousand'**가 됩니다.

그림 5-4	큰 숫자 표현법(10만까지)		
(십)	**10**	⟹	ten
(백)	**100**	⟹	hundred
(천)	**1,000**	⟹	thousand
(1만)	**10,000**	⟹	ten thousand
(10만)	**100,000**	⟹	hundred thousand

'100만 = million'이 된 이유

그럼 다음으로 '100만'은 어떻게 표현할까요?

앞서 이야기한 예시에 따라 생각해보면 '0이 세 개와 세 개'이므로 'thousand thousand'가 되고 맙니다.

```
1,  0  0  0  ,  0  0  0
    (thousand)    (thousand)
```

따라서 다른 표현을 생각해야 했습니다.

여기서 새로운 단위로 사용된 것이 라틴어(고대 프랑스어)에서 유래한 단위 **'million'**입니다.

million 단위의 유래는 고대 프랑스어입니다. 라틴어로 '1,000에 관한 것'을 나타내는 'mille'가 어원입니다. 영어로도 millimeter의 (1,000분의 1을 나타내는) 'milli' 등에 그 흔적이 남아 있습니다.

'mille'는 1,000이라는 단위인데, 100만이라는 단위에는 1,000이 두 번 등장합니다. 즉 '더 큰 1,000'이 '100만'이라는 단위인 셈입니다. 그래서 더 큰 수의 개념으로 '더 큰 것'을 나타내는 라틴어 접미사 '~one'을 사용하게 됩니다(현재 프랑스어나 스페인어에서 '~on'이라는 접미사에 해당).

예를 들면, 큰 medal(메달)을 가리키는 medallion(메달리온)도 라틴어 접미사 '~one(on)'에서 유래했습니다. 그래서 1,000을 나타내는 'mille'와 '큰 것을 나타내는 'one'을 합친 'milleone'라는 단어를 '0이 여섯 개'인 단위를 나타내는 데 사용하게 되었습니다.

milleone가 라틴어에서 고대 프랑스어로 바뀌면서 'million'이 되었고, 이윽고 영어에도 편입되었습니다. 즉 **'million'이라는 단어는 원래 'thousand thousand'였던 것입니다.**

 ## '10억 = billion'이 된 이유

million 다음은 1,000만입니다. 여기서부터 비즈니스 현장, 특히 금융업계에서는 반드시 알 아두어야 할 지식입니다. 100만 다음은 million 이전의 규칙을 그대로 적용해 **'ten million = 10,000,000(1 + 6)'**이 됩니다.

다음으로 1억도 마찬가지로 million에 0이 두 개 추가된 자릿수이므로 **'hundred million = 100,000,000(2 + 6)'**이 됩니다.

문제는 다음과 같이 'million에 0이 세 개' 붙는 단위인 10억입니다.

1, 0 0 0 , 0 0 0 , 0 0 0

   (mille)   (mille)   (mille)

여기서도 기본적으로 'thousand million(3 + 6)'이라는 표현은 사용하지 않습니다(일부러 말하는 경우는 제외). 그래서 또 새로운 명칭을 라틴어 단위에서 가져왔습니다.

10억이라는 수를 자세히 보면 **mille(thousand)에서 million, 그리고 10억으로 두 번에 걸쳐 커지고 있음**을 알 수 있습니다. 라틴어에서는 '2'를 'bi'라는 단어로 나타냅니다. 예를 들면, 'bicycle → 두 개의 cycle(바퀴) → 이륜차'라는 단어에서 그 흔적을 찾아볼 수 있습니다. 그래서 **'bi(2) + mille(1,000) + one(크다)'이라는 단어로 만들어진** 것이 'billion(10

제1장
영어의
기본·구조

제2장
시
제

제3장
파생된 문법
동사에서

제4장
조합하여 만들어진 문법

제5장
틀리기 쉬운 영문법

억)'이라는 단위입니다.

더 큰 단위를 살펴봅시다. 여기서도 마찬가지로 '100억 ＝ 1 ＋ 9 ＝ ten billion', '1,000억 ＝ 2 ＋ 9 ＝ hundred billion'이 됩니다.

그럼 그다음의 '1조'는 어떻게 표현할까요? 이 또한 billion과 마찬가지로, '세 번 mille가 커졌다'는 의미에서 '3 ＋ mille ＋ one'으로 나타냅니다.

라틴어로 '3'은 'tri'라고 합니다. 영어로는 'triangle ＝ 세 개의 angle(각도)의 형태 → 삼각형'에 그 흔적이 남아 있습니다. 즉 billion과 같은 개념에서 1조는 '**trillion**'이 됩니다.

이처럼 영어에 있어 수의 단위는 '0 세 개가 한 세트'라는 개념에 따라 매우 체계적으로 정리되어 있습니다. 한국어에서 영어로의 어려운 변환도 원리만 알면 '0을 나열해 생각함'으로써 바로 영어로 말할 수 있게 될 것입니다.

그림 5-5	큰 숫자 표현법(100만 이후)

(100만)	1,000,000	million
(1,000만)	10,000,000	ten million
(1억)	100,000,000	hundred million
(10억)	1,000,000,000	billion
(100억)	10,000,000,000	ten billion
(1,000억)	100,000,000,000	hundred billion
(1조)	1,000,000,000,000,000	trillion

'It to/that 구문'에서 긴 주어는 뒤로 미룬다

 주어를 뒤에 두는 이유

입시 문제로 자주 출제되는 문법 중에서 '읽을 수는 있지만 사용할 줄은 모르는' 문법의 대표 주자가 'It that 구문'과 'It to 구문'이 아닐까 합니다.

실제로 눈앞에 영어 문장이 있으면 읽을 줄 아는 사람이 많은데, '필요한지 모르겠다'는 이유로 말하기나 글쓰기 등 실제로 자신이 영어를 아웃풋할 때는 그다지 사용하지 않습니다.

여기서는 '왜 이 용법이 필요한가?'라는 데서부터 파고들며 본래의 용법을 살펴보도록 하겠습니다. 먼저 다음 문장을 영어로 어떻게 번역할지 생각해봅시다.

① 이 강에서 수영하는 것은 위험합니다.

② 그가 살아 있었다니 놀랍군.

이 문장들은 영어로 다음과 같이 번역하기 쉽습니다.

① **To swim in this river** is dangerous. (이 강에서 수영하는 것은 위험합니다.)

② **That he is alive** is surprising. (그가 살아 있었다는 것은 놀랍다.)

①에서는 'To swim in this river(이 강에서 수영하는 것은)'가 주어, ②에서는 'That he is alive(그가 살아 있었다는 것은)'가 주어입니다. ②에서 That을 제일 앞에 두는 것은 '~는 것'이라는 명사구로 만들기 위해서입니다. ①과 ② 모두 문법상 문제는 없지만 원어민들은

이런 표현을 꺼립니다. 영어에서는 **'머리가 큰 주어를 싫어하기'** 때문입니다.

영어는 문화와 습관이 다른 다양한 나라의 사람들이 전 세계에 걸쳐 사용하면서 발전했습니다. 타민족과 대화를 나눌 때는 '암묵적인 양해가 통하지 않기' 때문에 **'결론 먼저 말하기'** 가 최우선 과제가 되었습니다. '결론을 먼저 말한다'는 성질에서 **'주어와 서술어를 바로 말하는 것'**이 좋다고 여기게 되었습니다.

따라서 ① 'To swim in this river'와 ② 'That he is alive' 등 '주어가 세 단어 ~ 네 단어 이상으로 이루어져 길어지면 문장 뒤에 두는' 형태를 취합니다.

① [　　] is dangerous **to swim in this river**.

（이 강에서 수영하는 것은 위험합니다.）

② [　　] is surprising **that he is alive**. （그가 살아 있었다는 것은 놀랍다.）

이대로 문장을 만들면 동사가 문장 앞에 오므로 의문문으로 오해할 수 있습니다. 그래서 **의문문이 되지 않도록 'It'을 두게 되었습니다.**

① It is dangerous **to swim in this river**.

（이 강에서 수영하는 것은 위험합니다.）

② It is surprising **that he is alive**. （그가 살아 있었다는 것은 놀랍다.）

원래 주어 'to swim in this river'나 'that he is alive'는 **'진주어(진짜 주어)'**, 형태만 갖추기 위해서 둔 'It'을 **'가주어'**라고 합니다. 'It'은 형태만 갖추기 위해서 둔 것이므로 번역하지 않습니다.

이처럼 **'It to/that 구문'의 구조는 '긴 주어를 뒤에 둔다', '주어 대신 It을 문장 앞에 둔다'는 두 단계로 이루어져 있습니다.** 특히 비즈니스 영어에서는 주어가 복잡해지는 경우가 많아서 임시 주어로 'It'을 둔 구문을 자주 사용합니다. 이 구문을 사용하게 된 배경을 알아두면 헷갈리지 않고 구사할 수 있을 것입니다.

제1장
영어의 기본 구조

제2장
시제

제3장
파생된 동사에서 문법

제4장
조합하여 만들어진 문법

제5장
틀리기 쉬운 영문법

'hardly'와 'rarely'는 같은 의미가 아니다!

 'hardly'와 'rarely'는 무엇이 다를까?

영어를 제대로 공부한 사람도 진짜 의미를 오해해서 무심코 오용하기도 합니다. 그중에서도 다음과 같은 준부정어의 용법을 틀리면 안타깝습니다.

hardly : 거의 ~ 하지 않는다

① 그는 거의 여기에 오지 않습니다.

He hardly comes here. / He scarcely comes here.

rarely : 좀처럼 ~ 하지 않는다

② 그는 좀처럼 여기에 오지 않습니다.

He rarely comes here. / He seldom comes here.

'거의 ~ 하지 않는다'와 '좀처럼 ~ 하지 않는다'는 100%가 아닌 부정, 즉 '부정에 준하는 의미'로서 준부정이라고 부릅니다. 여기서 사용되는 hardly와 rarely는 일반 동사의 부정 문에서 'does not'을 넣는 위치에 둡니다. 더불어 3인칭 단수 현재형 s도 남아 있다는 점에 주의합시다. ①의 'hardly와 scarcely', ②의 'rarely와 seldom'은 각각 같은 의미를 지닌 단어들입니다. 하지만 scarcely와 seldom은 다소 딱딱한 표현으로, 주로 소설이나 격식 차린 글에서 사용되며 일상 대화에서는 별로 사용하지 않습니다.

제1장
기본 영어의
구조

제2장
시제

제3장
동사에서
파생된
문법

제4장
만들어진
조합하여
문법

제5장
영문법
틀리기
쉬운

이 단어들은 '거의 ~ 하지 않는다', '좀처럼 ~ 하지 않는다'와 같이 한국어에서는 거의 같은 의미로 통하기 때문에 ①과 ②는 '거의 같은 의미'라고 배우는 사람이 압도적으로 많을 것입니다. 그러나 ①과 ②에는 각각 '숨은 뉘앙스'가 있고, 사실 원어민에게는 '전혀 반대의 뉘앙스'가 전해집니다.

 ## 'hardly'와 'rarely', 숨은 뉘앙스는 '정반대'였다!

그럼 이 단어들의 '숨은 뉘앙스'를 살펴봅시다.

hardly : 거의 ~ 하지 않는다(그래서 이번에도 하지 않는다)

① 그는 거의 여기에 오지 않습니다(그래서 이번에도 오지 않는다).

He hardly comes here. / He scarcely comes here.

rarely : 좀처럼 ~ 하지 않는다(하지만 가끔은 한다)

② 그는 좀처럼 여기에 오지 않습니다(하지만 가끔은 온다).

He rarely comes here. / He seldom comes here.

①의 hardly나 scarcely에는 '그래서 이번에도 하지 않는다'는 **부정적인 의미**가 숨어 있습니다. 한편, ②의 rarely나 seldom은 '그래도 가끔은 오니까 이번에는 올지도 몰라' 하고 **조금쯤 희망을 품게 하는 뉘앙스**를 포함하고 있습니다. 따라서 hardly와 rarely를 들으면 **원어민은 정반대의 뉘앙스로 받아들입니다.**

이런 차이는 'maybe(어쩌면)'와 'probably(아마도)'에서도 나타납니다. 예를 들어 'Why don't you come to our party? (우리 파티에 오지 않을래?)'라는 질문을 받았다고 합시다. 이에 'Maybe.'라고 대답하면 '그래. 아마 못 가겠지만'이라는 부정적인 의미로, 'Probably.'라고 대답하면 '그래. 아마 갈 거야'라는 긍정적인 의미로 전달됩니다. 영어 표현을 배울 때는 사전에 있는 번역문뿐만 아니라 '말 뒤에 숨은 뉘앙스'가 있다는 점을 명심합시다.

'도치'의 목적은 '부사의 강조'

 ## 강조하고 싶은 것을 가장 앞으로 옮긴다

영어의 '**도치 표현**'은 구조를 이해하지 않으면 의미를 알 수 없는 문장이 되거나 한국어로 번역할 때 혼란스러워지므로 주의해야 합니다.

도치(倒置)는 한자로 '넘어뜨려서 둔다'라고 쓰기 때문인지 '뒤바꾸다'라고 생각하는 사람이 많은 듯합니다. 확실히 단어를 뒤바꿔 사용하지만, 본래 목적은 '**부사를 강조하는 것**'입니다.

실제로 도치문을 만드는 방법을 살펴보도록 하겠습니다.

① 그는 시험 전에도 신경질적이지 않습니다.

　He is not nervous even before exam.

　→ Not is he nervous even before exam.

이 문장에서 '부사를 강조하는 표현'을 생각해봅시다. 먼저 여기서는 **not이 be 동사인 is를 수식하고 있는 부사**입니다.

지금까지 여러 번 설명했듯이 **영어에서는 '강조하고 싶은 것을 앞에 둔다'는 성질이 있어서** not을 가장 앞에 둡니다. not은 부사이므로 서술어가 옆에 없으면 무엇을 설명하는 not인지 알 수 없습니다. 따라서 **not 옆에는 반드시 서술어**(여기서는 is)를 세트로 둡니다. 이제 ①이 도치 표현으로 바뀌었습니다. 부사가 강조되므로 '그는 시험 전조차 전혀 신경질적이지 않다'라는 뉘앙스를 담은 문장이 됩니다.

제1장
기본구조
영어의

제2장
시제

제3장
동사에서
파생된
문법

제4장
조합하여
만들어진
문법

제5장
틀리기
쉬운
영문법

② 그녀는 거의 수영을 할 수 없습니다.

She can hardly swim.

→ Hardly can she swim. (그녀는 하여간 거의 수영을 할 수 없습니다.)

여기서 hardly는 not에 가까운 부사입니다. 'not과 세트가 된 것을 함께 이동시킨다'와 같은 방식에 따라 'hardly와 can'을 세트로 옮깁니다. 이때 can이 있으므로 swim을 원형 그대로 사용합니다.

③ 저는 캐나다에 가본 적이 없습니다.

I have never been to Canada.

→ Never have I been to Canada.

(저는 캐나다에 단 한 번도 가본 적이 없습니다.)

이 문장에서 부사 never와 세트를 이루는 것은 have입니다. 그래서 먼저 never를 문장 앞에 두고 have를 그 뒤에 둡니다.

④ 그는 지금도 뉴욕에 살고 있습니다.

He still lives in New York.

→ Still does he live in New York. (그는 아직 뉴욕에 살고 있습니다.)

먼저 부사인 still을 문장 앞에 둡니다. **'Still lives가 되지 않는다'**는 점에 주의합시다.

지금까지는 'not과 서술어 세트'를 이동시켰습니다. 반대로 이 문장에 not을 붙여서 부정문으로 만들 때는 'doesn't live'라고 합니다. **still 다음에 'does'를 삽입하고 동사의 3인칭 단수 현재형을 지웁니다.**

도치 표현은 일상 대화나 비즈니스 문서에는 등장하지 않지만, 소설 등에서 볼 수 있으므로 알아두어서 손해 볼 일은 없습니다.

'묻고 싶은 것'은 앞에 두라!

 ## 영어의 원칙은 '강조하고 싶은 것을 앞에 둔다'

영문법상 정식 명칭이 없어 제 마음대로 '삽입 의문문'이라고 부르는 것이 있습니다. 어떤 것인지 구체적인 예와 함께 살펴보겠습니다.

　① 제가 몇 살이라고 생각합니까?

　× **Do you think** how old I am?

　→ '제가 몇 살인가'를 당신은 생각합니까?

'Do you think ~ ?'로 시작되었으니 '생각하느냐 마느냐?'를 질문하는 문장인 셈입니다. 따라서 대답은 'Yes(생각하다)/No(생각하지 않다)'가 되므로 실제로 듣고 싶은 대답과 달라집니다.

　여기서도 **'영어는 중요한 것을 앞에 둔다'**는 원칙에 입각해 생각해볼 필요가 있습니다. 즉 **원래 묻고 싶었던 'how old'를 문장의 맨 앞에 두는** 것입니다. 그다음으로 이 문장에 필요한 다른 요소를 뒤에 붙이면 ①을 바른 뉘앙스로 전달하는 영어 문장이 완성됩니다.

　○ How old **do you think** I am? (제가 몇 살이라고 생각합니까?)

　이처럼 ① 표현에서는 'How old am I?'라는 문장 안에 'do you think ~ ?'라는 또 다른 의문이 삽입된 모양새의 문장 형태를 취합니다.

조금 이상해 보일지 모르지만, '강조하는 것을 앞에 둔다'는 영어의 특징만 알아두면 간단한 개념입니다.

'무엇을 묻고 싶은가'에 초점을 맞춘다

다음 문장의 영어 번역에서도 역시 'Do you think ~ ?'의 형태에 익숙해져서 그런지 많은 사람이 종종 이런 실수를 범합니다.

② 그가 몇 시에 여기에 올 것으로 생각합니까?

× **Do you think** what time he will come here?

→ '몇 시에 그가 여기에 올 것인가'를 당신은 생각합니까?

이 문장 역시 '생각하느냐 마느냐?'를 질문하고 있기에 대답이 'Yes(생각하다)/No(생각하지 않다)'가 되어버립니다.

'강조하고 싶은 것을 앞에 두기'로 돌아가서 생각해봅시다.

○ What time **do you think** he will come here?

여기서는 '몇 시에'라는 시간을 묻고 싶으므로 'what time'을 문장 앞에 둡니다. 그다음은 남은 문장을 그대로 쓰기만 하면 문장이 완성됩니다. 여기서도 'What time he will come here?' 사이에 'do you think ~'가 삽입되어 있습니다.

이처럼 삽입 의문문은 언뜻 보면 간단해 보이지만, 무심코 【×】의 예문대로 말하는 사람을 자주 볼 수 있습니다. 그러면 원어민도 Yes 또는 No로 대답해버리므로 자신도 상대도 난처해지고 맙니다.

'묻고 싶은 것을 앞에 둔다'는 점에만 주의한다면 삽입 의문문도 무리 없이 구사할 수 있게 될 것입니다.

that 절 속의 동사는 왜 원형일까?

 어째서인지 'that 절의 동사가 원형이 되는' 문장

이제 소개할 문법은 매우 드물지만, 대학 입시나 비즈니스 문서, 소설 등에서 종종 등장하는 형태입니다. 제대로 된 교양 있는 영어를 사용할 수 있는지를 판별하는 기준이 되는 문법이기도 하므로 알아두어 손해 볼 일은 없다고 생각합니다.

먼저 다음 문장을 예시로 살펴보겠습니다.

I **proposed** to him **that** he **should** be a doctor.
(저는 그에게 의사가 되어야 한다고 **제안했습니다**.)

여기서 사용한 동사는 'propose(제안하다)'입니다. 따라서 다음의 '~는 것을'을 나타내는 that 절에는 'should(~ 해야 한다)'를 사용하는 것이 원칙입니다.

'제안한다'는 것은 '**~ 해야 한다**'는 생각을 전한다는 것입니다. 즉 '**propose'라는 단어를 사용하는 순간 '다음 that 절의 서술 부분에는 당연히 should가 온다**'고 생각할 수 있습니다.

여기서 지금까지 여러 번 이야기했던 '영어의 간략화'라는 특징을 떠올려 봅시다. 영어에서는 반복되거나, 그렇게 된다는 전제를 이미 알고 있는 문법을 생략하는 특징이 있습니다.

여기서 이러한 '간략화'가 that 절에도 적용되는 용법을 소개하고자 합니다.

앞의 문장은 다음과 같이 고쳐 쓸 수 있습니다.

제1장
영어의
기본 구조

제2장
시제

제3장
파생된 문법에서 동사

I **proposed** to him **that** he ~~should~~ be a doctor.

→ I **proposed** to him **that** he **be** a doctor.

should가 생략되고 that 절 안의 동사가 원형 그대로 남은 문장이 됩니다. 특히 이 용법을 모르는 사람은 'he be a doctor'처럼 기묘한 형태를 보면 깜짝 놀랄 수도 있습니다.

 ## 반드시 'should'를 동반할 때 생략한다

이 같은 용법은 propose를 비롯해 다음과 같은 동사에서도 사용됩니다.

- require(요구하다)
- request(요청하다)
- recommend(권장하다)
- suggest(제안하다)

위의 동사들이 '주절(문장의 첫 구절)'에 놓일 때 that 절의 서술 부분은 should가 되는 것이 원칙입니다.

따라서 여기서도 마찬가지로 should가 생략되고 그 뒤의 동사는 원형 그대로 사용합니다. 이와 같은 문법을 발견하면 이번 항목을 떠올려 봅시다.

간략화를 위해 태어난 '분사 구문'

 ## 접속사가 있는 문장으로 접속사를 생략한다

'분사 구문'은 입시 공부를 할 때 자주 등장하는 용법이므로 문장을 만드는 기본적인 방법과 용법은 널리 알려져 있습니다. 하지만 그 근본 원리를 이해하지 못한 채 사용하면 어떤 '함정 포인트'에 걸려 영문을 알 수 없는 문장을 만들게 됩니다.

먼저 용법의 기본부터 복습하고 다음으로 분사 구문의 존재 이유에 대해 설명하겠습니다.

① 분사 구문의 기본형

　　밖에 나갈 때는 우산을 가져가세요.

　　When you go out, please take your umbrella.

분사 구문은 이처럼 접속사를 사용한 문장에서 사용됩니다. '형식을 통째로 암기하기'가 아니라 '왜 분사 구문이 필요했는가'라는 점에 주목해봅시다.

사실 분사 구문도 '영어의 간략화'라는 특징에서 비롯되었습니다. 다시 한번 말하지만, 영어는 가능한 한 글을 간략화하고 사용하기 쉽게 만들기 위해 문법이 변화해왔습니다. 그렇기에 생략할 수 있는 부분은 가능한 한 생략하는 특성이 있습니다. 분사 구문 또한 '간략화'의 산물입니다.

그럼 이 문장에서 무엇을 생략할 수 있는가 하면, 바로 **접속사와 주어**입니다.

① 문장에서는 접속사 'when'과 주어 'you'를 생략하고 다음과 같이 고쳐 쓸 수 있습니다.

제1장
영어의
기본구조

제2장
시제

제3장
동사에서
파생된문법

제4장
조합하여
만들어진문법

제5장
틀리기쉬운
영문법

② **Going** out, please take your umbrella.

이처럼 **분사 구문이란 동사를 현재분사로 바꿈으로써 접속사(와 주어)를 생략해 문장을 단축시킨 것**입니다.

'분사 구문은 어렵다'며 한발 물러서는 사람도 있는데, 본래 원리는 '문장의 간략화'입니다. 통째로 외우려고 하면 복잡하게 느껴지지만, '어디까지나 간략화하기 위해서'라는 기본으로 돌아가면 의외로 쉽게 이해할 수 있을 것입니다.

 ## 분사 구문을 능숙하게 구사하는 5단계

그럼 분사 구문은 어떻게 만들면 좋을까요? 여기서는 누구나 분사 구문을 쉽게 만들 수 있도록 '5단계'로 나누어 소개하겠습니다.

다음 문장을 예로 들어 5단계를 살펴봅시다.

① 저는 브라이언과 이야기할 필요가 있어서 그에게 전화를 했습니다.

As I needed to talk to Brian, I called him.

'STEP 1~2'에서 먼저 분사 구문을 사용할 수 있는지 확인합니다.

【STEP 1】접속사를 확인한다
'As'가 접속사로 쓰이고 있으므로 분사 구문을 사용할 수 있습니다. 접속사가 쓰이지 않은 문장으로 분사 구문을 만들 수는 없습니다.

【STEP 2】두 절의 주어가 일치하는지 확인한다
'I needed'와 'I called'이므로 공통 주어는 'I(나)'임을 알 수 있습니다.

【STEP 3】 '접속사'와 '공통 주어'를 지운다

먼저 '접속사'를 지웁니다. 그리고 이 문장에서는 주어가 일치하므로 간략화하기 위해서 접속사가 있는 쪽의 절에 있는 주어도 함께 지웁니다.

~~As I~~ needed to talk to Brian, I called him.

【STEP 4】 동사를 현재분사로 바꾼다

Needing to talk to Brian, I called him.

여기서 접속사가 있던 쪽의 절에 있는 동사를 현재분사로 바꾸면 분사 구문이 완성됩니다. 이처럼 '접속사와 주어의 생략'을 전제로 차례로 진행하면 의외로 쉽게 만들 수 있습니다.

'Needing'이 되면 시제가 불분명해지는데, 이는 간략화의 대가라고도 할 수 있습니다. 시제는 후반부 절의 동사 'called'에서 유추할 수 있으므로 Needing의 시제는 무시합니다.

 ## 수동태의 분사 구문

'분사 구문에서는 현재분사로 변경한다'는 원칙이 있습니다. 그런데 수동태 문장에서는 현재분사 동사가 없고 과거분사 동사가 존재하는 기묘한 현상이 일어납니다. 다음 문장을 살펴봅시다.

② 현명하게 사용하면 TV는 매우 편리합니다.

If it **is used** wisely, the TV set is very useful.

→ Used wisely, the TV set is very useful.

② 문장에서는 과거분사 'used'가 문장 앞에 있고 접속사와 주어가 생략되었습니다. 이 결과만 보고 '수동태 문장은 과거분사로 만드는 것'이라고 해석해버리는 사람들이 있는데, 이처

럼 단순하게 외우면 혼란을 일으키는 씨앗이 될 수 있습니다.

왜 이런 일이 생기는지 앞서 소개한 '분사 구문의 5단계'를 통해 확인해보도록 합시다.

제1장
영어의
기본 구조

제2장
시제

제3장
동사에서
파생된 문법

제4장
조합하여
만들어진 문법

제5장
틀리기 쉬운
영문법

【STEP 1】접속사를 확인한다

접속사 'If'가 있으므로 분사 구문으로 바꿀 수 있을 것 같습니다.

【STEP 2】두 절의 주어가 일치하는지 확인한다

'it is used ~'의 'it'은 단어는 다르지만 뒤따라오는 절의 'the TV set'을 의미하므로 일치합니다.

【STEP 3】'접속사'와 '공통 주어'를 지운다

다음으로 ② 문장의 '접속사'와 STEP 2에서 확인한 '공통 주어' 중에서 접속사 쪽의 주어를 지웁니다.

~~If it~~ is used wisely, the TV set is very useful.

【STEP 4】동사를 현재분사로 바꾼다

그리고 동사를 현재분사로 바꿉니다. 여기서는 'be'가 서술어로 기능하고 있으므로 현재분사 'being' 형태로 만듭니다.

Being **used** wisely, the TV set is very useful.

이로써 ② 문장을 생략해 분사 구문으로 바꾸었습니다.

사실 여기서 끝나도 문법적으로는 문제가 없습니다. 이것도 하나의 정답이죠. 그러나 **영어에는 '간략화할 수 있는 것은 간략화한다'는 특성이 있으므로 한층 더 간략화해보기로 합니다.**

여기서 더욱 간략화할 수 있는 요소로서 'be 동사의 현재분사'가 타깃이 됩니다. 원래 과거

분사 'used'는 반드시 be 동사와 세트로 사용되므로 'being이 없어도 의사소통할 수 있다'
고 할 수 있습니다. 즉 여기서 'being 생략'이라는 단계를 밟는 것입니다.

【STEP 5】be 동사의 현재분사를 생략한다

~~Being~~ used wisely, the TV set is very useful.

→ Used wisely, the TV set is very useful.

이처럼 수동태 분사 구문에는 'being이 생략되었기에 과거분사만 남았다'는 사정이 있었
던 것입니다. **수동태는 예외적으로 과거분사를 사용하는 것이 아니라 어디까지나 현재분사
인 being을 만들었다가 이를 생략한 형태입니다.**

즉 '수동태의 분사 구문은 특별히 과거분사로 만든다'는 것은 어디까지나 결과론일 뿐, 이
용법의 본질은 아닙니다.

 ## 독립 분사 구문

이번에는 **'주어가 다른 분사 구문'**에 대해 생각해봅시다.

이때도 기본적인 5단계를 밟으면 자연스럽게 정답에 도달할 수 있습니다.

③ 저는 어젯밤에 그녀에게 전화했고, 그리고 오늘 그녀는 여기에 왔습니다.

I had called her last night, **and she** came here today.

【STEP 1】접속사를 확인한다

접속사 'and'가 있으므로 분사 구문으로 바꿀 수 있을 것 같습니다.

【STEP 2】두 절의 주어가 일치하는지 확인한다

첫 번째 절의 주어는 'I'인데, 다음 절의 주어는 'she'입니다. 즉 이번에는 주어가 일치하지
않습니다. 난처하지만 그대로 다음 단계로 넘어갑니다.

제1장
영어의
기본구조

제2장
시제

제3장
동사에서
파생된
문법

제4장
조합하여
만들어진
문법

제5장
영문법
틀리기
쉬운

【STEP 3】'접속사'와 '공통 주어'를 지운다

먼저 접속사인 'and'를 지웁니다. 다음으로 '공통 주어'를 보니 이번에는 '없음'입니다. 따라서 주어는 그대로 남깁니다.

I had called her last night, ~~and she~~ came here today.

【STEP 4】동사를 현재분사로 바꾼다

그리고 주어 'she'를 남긴 채 접속사가 있던 쪽 절의 동사를 현재분사로 바꿉니다.

I had called her last night, she coming here today.

이로써 ③ 문장의 분사 구문이 완성되었습니다. 단계를 차례로 밟으면 다양한 상황에서도 같은 방식으로 분사 구문을 만들 수 있습니다.

이처럼 독립 분사 구문은 대화나 글에 잘 등장하지 않는 특이한 형태입니다. 하지만 하나의 지식으로서 알아두면 만일의 경우에도 침착하게 대응할 수 있을 것입니다.

'강조 구문'은 '먼저 내밀기 원칙'으로!

 문장의 일부를 강조하는 방법

강조 구문은 고등학교 영어 중에서도 '취급 주의'로 분류되는 문법입니다. 근본 원리를 알지 못하면 의미를 알 수 없는 문장이 되기 쉽습니다.

　그러나 원리만 이해하면 의외일 정도로 간단히 구사할 수 있게 됩니다. 먼저 다음 글을 예로 들어 생각해봅시다.

【예】저는 어제 공원에서 친구를 만났습니다.

　　I met **a friend** **in the park** **yesterday**.

　　A　　　　B　　　　C　　　　　D

　강조 구문에서는 위에서 밑줄 친 'A~D'를 각각 강조할 수 있습니다. 다만 서술어인 'met'은 강조할 수 없습니다.

〈강조 구문〉 It is ~ that + 나머지 문장

【A 강조】

It is I **that** met a friend in the park yesterday.

(어제 공원에서 친구를 만난 것은 저입니다.)

It is ~ 의 형태로는 일반적으로 목적어가 들어가므로 'It is me ~'가 될 듯하지만, 강조 구

【B 강조】

It is a friend **that** I met in the park yesterday.

(어제 공원에서 제가 만난 것은 친구입니다.)

B인 'a friend'를 강조하고 싶을 때도 그대로 'It is'에 이어서 삽입합니다. 그다음은 that 뒤에 나머지 문장을 넣으면 완성됩니다. 여기서는 'a friend'가 강조되므로 '어제 공원에서 제가 만난 것은 친구입니다.'라는 의미가 됩니다.

【C 강조】

It is in the park **that** I met a friend yesterday.

(어제 제가 친구를 만난 곳은 공원입니다.)

장소를 가리키는 C를 강조할 때는 전치사와 함께 통째로 'It is' 다음에 삽입합니다. 그러면 'in the park'가 그대로 강조된 문장이 만들어집니다.

【D 강조】

It is yesterday **that** I met a friend in the park.

(제가 공원에서 친구를 만난 것은 어제입니다.)

이렇게 생각하면 강조 구문은 굉장히 간단해서 몇 번 의식적으로 만드는 연습을 해보면 다양한 곳에서 활용할 수 있음을 알게 될 것입니다. 실제로 일상 대화에서 자주 사용되므로 영화나 드라마 등에서 들을 기회도 많은 표현입니다. 의식해서 들어보면 '아, 지금 강조 구문이 나왔구나!' 하고 알아챌 수 있을 것입니다.

마치며

예전에 제 대학생 제자로부터 이런 질문을 받은 적이 있습니다.

"선생님, 저는 장래에 영어 교사가 되고 싶은데 어떻게 하면 학생들이 영문법을 잘 외우도록 지도할 수 있을까요?"

저는 말문이 막혔습니다. 바로 영문법이 시험을 보기 위해 '외우는' 것이라는 요즘 일본의 영어 교육을 상징하는 듯한 질문으로 느껴졌기 때문입니다. 동시에 우리 대부분이 학교 영어 교육을 통해 무의식적으로 그렇게 세뇌당하고 있기도 합니다.

저 또한 고등학생 때는 영문법을 열심히 '외우려고' 했습니다. 하지만 좀처럼 실력이 늘지 않아 영어 성적은 항상 낙제점이었지요. 그런데 대학에 들어와서 '역사, 문화적 배경, 종교관' 등을 배우면서 영문법을 '이해'할 수 있게 되자 그동안 그저 암기하며 '피가 통하지 않는 차가운 공식집'으로 여겼던 영문법이 단숨에 '인간의 마음을 열렬하게 전하는 따뜻한 피가 흐르는 표현집'으로 바뀌었습니다.

'영어를 오랫동안 배웠지만 어떻게 사용해야 할지 전혀 모르겠다.' 그런 고민을 하는 사람은 아마도 '암기'가 중심이 되어버려서 '이해할' 기회가 없었는지도 모릅니다.

세상에 영문법의 역사와 기원 등을 해설하는 책은 이미 많습니다. 다만 그 대부분이 학자 선생님들이 쓴 '연구서' 또는 고도의 '전문서'여서 (모두 훌륭한 책들이지만) 일반인들이 읽기에는 매우 어렵다고밖에 말할 수 없습니다. 그래서 이 책은 일반인이 읽어도 쉽게 이해할 수 있는 내용을 목표로 한 항목씩 세심하게 쓰고자 했습니다.

영어 회화에서 말하기와 듣기, 문장 읽기와 글쓰기, 어느 것을 하든 반드시 문법이 필요합니다. 영문법은 결코 '시험을 보기 위해서 머릿속에 일시적으로 기억해두는 것'이 아니라 '이해하고 확실하게 몸에 스며들게 해서 사용하는 것'입니다.

이 책의 철칙을 지키며 영문법을 배우기만 하면 영어 실력을 키우는 최단 경로가 되리라고 저는 확신합니다.

이 책을 통해 '문법에는 아주 깊은 드라마가 있구나', '문법에는 피가 통하는 인간의 마음이 담겨 있구나' 그렇게 느끼고, 영문법에 흥미를 갖고, 영어를 '생기 넘치게' 사용할 수 있게 되는 기회를 잡으시기 바랍니다.

Where there is a will, there is a way!
(뜻이 있는 곳에 길이 열린다!)

2021년 3월
마키노 도모카즈